NHKの傑作ドキュメンタリーが
完全新生映画版に。
知られざる猟師の暮らしに
700日密着

2018年、NHKで放送された「ノーナレ けもの道 京都いのちの森」には、再放送希望が異例の1141件も届きました。京都で、猟をする千松信也さんの、彼にとっては平凡な日常に取材したドキュメンタリーでした。イノシシやシカをわなで捕らえ、木などで殴打し気絶させ、ナイフでとどめをさす。命と向き合うために千松さんが選んだ営みに、残酷、という非難をはるかに超える「憧憬」が集まりました。NHK取材班は、放送後、千松さんとその暮らしにさらに迫るため、300日の追加取材を行い、およそ2年間の映像を編み直し、完全新生映画版が完成しました。

僕は猟師になった

語り：池松壮亮
出演：千松信也
編集・構成：村本勝 (J.S.E.)
撮影：松宮拓
現場録音：蓮池昭幸
整音：小川武
音楽：谷川賢作
MA スタジオ：サウンズ・ユー
映像技術：グッド・ジョブ
プロデューサー：京田光広 / 伊藤雄介
監督：川原愛子
製作:NHK プラネット近畿
配給：リトルモア / マジックアワー
www.magichour.co.jp/ryoushi
2020/ 日本 / カラー /HD/16:9/
5.1ch サラウンド /99 分

インタビュー

出演

千松信也

——千松さんが、京都大学在学中に猟を始めてから、すでに19年経っています。猟を始めよう、狩猟免許をとろう、という初期衝動、みたいなものを今も覚えていますか？　それは「思いつき」だったのでしょうか、それとも、長く抱いていた考えが、結実したのでしょうか？

当時は大学を4年間休学して、海外を放浪したり、バイトをしたり、いわゆる「自分探し」のようなことをしていた時期でした。狩猟免許をとったのも、「猟師になろう！」と決意して取り組んだというよりは、「自分で肉を獲れたらおもしろそう」というような比較的軽い気持ちだったと思います。それが、始めてみると、猟の魅力に取り憑かれていきました。自然や動物が大好きだった子どもの頃の自分と出会い直したような感覚もあり、人間と動物の関係や自分の生き方についても考えるようになっていきました。

——猟の技術はどのように身につけましたか？

山は変化し、動物は、そして猟師も適応する

せんまつ・しんや　1974年兵庫県生まれ。京都在住、猟師。京都大学文学部在籍中に狩猟免許をとり、先輩猟師から伝統のくくりわな猟、無双網猟を学ぶ。現在は、運送会社で働きながら京都の山で猟をしている。鉄砲は持っていない。08年発行の『ぼくは猟師になった』（現在、新潮文庫）は「狩猟ブーム」を牽引することになった。他の著書に『けもの道の歩き方 猟師が見つめる日本の自然』（リトルモア）『自分の力で肉を獲る10歳から学ぶ狩猟の世界』（旬報社）がある。

アルバイト先で、くくりわなの師匠となる角出(すみで)博光さんとたまたま出会いました。そして、わなの見本を貸してもらって、見様見真似でホームセンターの材料などで作りました。わなの仕掛け方やコツなど、師匠は聞いたらなんでも丁寧に教えてくれる方でしたが、山には一度も連れて行ってもらったことがありません。なので、毎日、自分で山を歩いて、けもの道を探し、糞や泥跡などの痕跡の見極め方を少しずつ覚えていきました。師匠が意図していたかどうかはわかりませんが、初心者の頃に自分の五感を使って、獲物を探してしっかりと山を歩いたことは、とてもよい経験だったと思います。

——無双網(むそうあみ)猟のほうは？

猟を始めたときに入った猟友会が、これもたまたまなんですが、網猟専門の猟友会でした。網猟はわな猟以上にマイナーな猟法で、ぼくも猟友会に入るまでは京都でやっている人たちがいるということすら知りませんでした。で、話を聞いていると、網猟もとてもおもしろそうだったので、映画にも出ている宮本宗雄さんたちに頼み込んで、教えてもらえることになりました。ただ、働きながらの猟生活で、わな猟と網猟を両方とも自分自身でやるのは無理だということもあり、現在のところ、網猟は師匠の宮本さんの猟についていって、それを手伝いながら覚えていくというスタイルで続けています。

猟師の20年

——千松さんは基本的に、獲物を販売していませんし、「害獣」を獲って、報奨金を得たりもしていません。お金と肉の結びつきをあえて断っていると思います。そうした千松さんの姿勢を「趣味」と言ったり、「猟師ではない」と、批判的にとらえる人もいますが……。

肉を販売していた時期もありましたが、今は自分と家族、友人が食べる分だけを獲るようになりました。1シーズン10頭ほどです。ぼくがやりたい

猟は、人間以外のほとんどの野生動物がやっているような「生きるための食料を自分の力で獲る」という行為です。自然のなかに入っていって、動物たちの仲間に入れてもらいたいという気持ちです。どんな肉食動物でも、家族やグループの仲間が食べる分以上に獲物を殺したりはしませんから。

また、別の言い方をすると、ぼくが猟をするのは他の人がスーパーでお肉を買うのと同じようなものです。お肉を買うには現金が必要ですが、山でお肉を獲るには技術と労力が必要です。違いはそれだけで、どちらも「食料を得る」という点は共通しています。スーパーでお肉を買うという行為が「仕事」や「趣味」の人がいないように、ぼくが猟をするのもそれは「仕事」でも「趣味」でもなく、「生活の一部」でしかありません。

――20年弱の猟師生活のなかで、千松さんは結婚し、子供も二人生まれました。そのなかで猟への考えは変化しましたか？　小太郎くん、佐路くんには、小学校入学とともにナイフを渡していましたが……やはり、猟師になってほしいですか？

自分一人でやっていたときと比べると、自分が獲ってきた肉を食べてくれる存在が増えたというのはやっぱりやりがいはありますね。特に子どもも大きくなってきて肉をたくさん食べるようになってきましたし。最近では、子どもの同級生たちもしょっちゅう遊びに来て焼き肉を食べて帰っていきます。

子どもたちのナイフはぼくの猟友がプレゼントしてくれました。子どもたちはそのナイフを使って1年生のときからシカやイノシシの解体を手伝っています。長男はもう随分うまくなりました。ただ、これはあくまでも「家のお手伝い」という感じで、猟師になるための修行をさせているわけではありません。猟に関しては、もっと大きくなってから本人たちが「本気でやりたい」と言えば教えますが、子どもたちはそれぞれやりたいことをやったらいいと思います。ぼくとしては、シカやイノシシはもう獲る人間がいるわけだから、どっちかというと海の漁師にでもなってくれたほうが我が家の食卓が豊かになるなあ、なんて思ったりもしてます(笑)。

――この20年で、山の様子は変化しましたか？　書籍『ぼくは猟師になった』(２００８)が出版された頃は、今ほど獣害は問題になっていなかったと思います。

ぼくが猟を始めた頃にもシカは増えていましたが、それ以降もさらに増え続けて、獣害も増えていきました。イノシシもぼくがいるエリアではあまり個体数の変化はなかったと思いますが、生息域の拡大などで、全国的にはかなり増加していきました。それがすごいペースだったため、社会問題化し、環境省などもそれまでの保護中心の政策から捕獲・管理にも力点を置く鳥獣政策へとかじを切りました。

現在は、獣害対策が進んだエリアではシカの個体数も落ち着きつつありますが、一方でまだ増えているエリアもあります。ぼくが暮らすあたりでも、シカが増えたエリアでは、それまで採っていた山菜が激減したり、笹藪がなくなったりしたところもあります。また、ここ数年、強烈な台風被害で山のなかは倒木だらけですが、日当たりの良くなった山に草が生えると、そこにもシカはよく来るようになります。まあ、いつの時代でも山というものは変化しながら、それに動物たちが適応していっているのだと思います。猟師もその動物たちの動きに合わせて猟を行うだけです。

——千松さんが書籍を刊行したり、講演をしたりする影響もあって、若手の猟師は増えているような気がするのですが、実際は狩猟者数は減少の一途のようですね。この状況をどうお考えですか？　やっぱり、増やしていきたいなあ、とか考えることもあるんでしょうか。

狩猟者数だけ見ていても実態はわからないと思います。昭和の時代に狩猟者数はかなり多いですが、その大部分が今と違ってカモやキジ狙いの鳥撃ち猟師だったようで、シカやイノシシを狙う大物猟はそこまで多くありませんでした。ただ、現在の猟友会の主力が高齢者なのは事実です。その世代の引退で、地域での有害駆除や狩猟の技術の継承に問題が出てくることも考えられますが、さっきの質問で答えたように山の状況や社会の変化に適応して獲物を狙える者が猟師だと思うので、無理に増やそうとしなくても、自分の力で猟をしようという若者は一定数は現れてくると思います。

撮影を受け入れた理由

——これまで、テレビ取材には乗り気ではなかったと思います。川原監督とＮＨＫの取材を受け入れたのはなぜですか？

川原さんが会う前にぼくが書いた『けもの道の歩き方』を読んでいて、「そこに書かれている千松さんの猟についての考え方や自然への向き合い方を映像にしたい」と言ってくださって、単なる「猟暮らしのドキュメンタリー」ではないものができるかもなあ、と思って引き受けました。まあ、最終的には酒の席でついうっかりＯＫ出しちゃったんですが……。

——できあがった映画の感想は？

全体的にはほんとに我が家の四季の暮らしが色々と描かれているので、なんだか千松家のホームビデオのような印象ですが、それが観た人にどう映るのか興味はあります。あと、自分自身が猟をしている姿というのをここまでしっかりと映像で観ることはあまり経験したことがなかったので、その点は新鮮でした。自分ではもっと俊敏に動いているつもりが、映像で観たら意外と「どんくさいなあ」って思ったり（笑）。

インタビュー

語り

池松壮亮

——まず、池松さんが、この映画のナレーションを引き受けようと思った理由を教えていただけますか？

何より、映像を拝見して、ナレーション原稿も読ませていただいて、すばらしかったからです。千松さんの生き方、あまりにも謙虚な姿勢、そして、誰とも共有することのない、自分と生き物の間でのみ成立した哲学。そのことにすごく感動しました。それから、この作品自体に、今見つめるべき世界の問題が、何層にも連なっていると思いました。「こういう生き方もありますけどどうですか」という映画ではなく、もっともっと広く、人と生き物の共存や、食肉についてとか、さまざまな問題を、直接的にでなくても、見つめているような感覚を受けたんです。もう自分がナレーションを入れる必要がないくらい無敵で……。じゃあ、この最小限に絞った言葉を、ナレーションのプロでもない自分が、どんな声であてられるだろうと想像しました。

カメラのうしろの木になる

——監督も、プロデューサーも、ナレーションを入れるかどうかは悩んだと聞いています。

どうしても悩みますよね。ナレーションを付けない「ノーナレ（P13）」というかたちで、ひとつの作品にすでになっていましたしね。やることは簡単なんですよ。ナレーションだけじゃなく、俳優としても仕事を引き受けることは簡単だし、作品をつくることも簡単だと思うんです。でも、ぼくはやりっぱなしっていうのが、なかなかできません。引き受けて仕事をしたあとのことに目をむけたときに、やっぱり責任が伴うし、俳優として表に出ている自分は、圧倒的に賛同しないと、どうしても加担できない。そこには責任をもってやってきたつもりなんですけどね。

——「たとえノーギャラでも参加したいと思える作品でした」と、応援コメントも出されていました（裏表紙）。

「ノーギャラでも」っていうのは、ぼくのなかでユーモア、冗談だったんですけど、今日ここまで朝から何件もこの映画について取材を受けていると、伝わってないですね（笑）。冗談ですよ、もちろん。ぼくはこの映画の製作過程のなかで、おそらく2時間くらいしか、結局かかわってないわけですけど、それでも、俳優として姿や声を晒してしまっているので、中途半端に賛同して、背負えないですから、責任とってますよ、ってポーズのつもりであぁ言ったんですけどね（笑）。

千松さんの生き方からわかること

——千松さんへの畏敬の念を先ほど伺いましたが、身近に思うことや、自分に似ているな、と思うことはありませんでしたか？

それはぼくが決めることではない気がします。誰かに言われれば、その人にとってはそうかもしれない、ぐらいな感覚です。自分としては、千松さんみたいな生き方はぜったいにできません。自分がいかに卑劣で、他人任せで、傲慢な生き方をし

いけまつ・そうすけ　1990年福岡県生まれ。日本アカデミー賞新人俳優賞、ブルーリボン賞助演男優賞、ヨコハマ映画祭主演男優賞、高崎映画祭最優秀主演男優賞ほか受賞歴多数。近年の出演作に、『万引き家族』（18）、『君が君で君だ』（18）、『町田くんの世界』（19）など。主演作『宮本から君へ』（19）では第93回キネマ旬報ベスト・テン主演男優賞、第41回ヨコハマ映画祭主演男優賞などを受賞した。公開待機作に張律監督作『柳川』、石井裕也監督作『アジアの天使』（21）がある。

ているか、っていうことは、千松さんの生き方を見つめれば、容易にわかります。たしかに、身一つで何かやっていかなきゃいけないという意識は千松さんにもあるだろうし、俳優のぼくも多少なりとも思っていますけど……畏れ多いです。

――過去のあるインタビューで池松さんは、「働くことの本質は、身体を駆使する労働にあるんじゃないかと僕は考えています。俳優という仕事も、ある意味では肉体労働」（「すばる」２０１７年6月号）と話されていました。

俳優は突き詰めると、身体性しかないですからね。実存なき肉体にどう血を通わせて、体温を与えて、役におさまるか、ってことでしかない。でも、この映画がフィクションになったとして、千松さんを俳優がやるのは無理ですよ。ミニマムに削った物語のなかに、動物の声と、千松さんの声と、二者の対話が見えてくる。映画の最後にある、イノシシと千松さんの10分の死闘とかも、なんかとんでもないものを観てしまった感覚がありましたね。あの瞬間、千松さんは当たり前のようにそこにいて、動物と向き合っている。これは、どうしたって俳優にはできない。やったとしても、かなりレベルが下がります。それでも演じようと、ぼくたち俳優はつねにトライしているわけですけども、リアリティという点で、ドキュメンタリーに勝てるとは、まったく思っていません。フィクションには、もっと違うところに戦い方があります。例えば、過去に戻れるとか。過去の清算できなかった声とか、気持ちとかを、今の作品として、体現できるので、そういう意味でドキュメンタリーとは全然違います。

自分を通して、語る

――では、そういう感想を抱きつつ、ナレーション収録に際してはどのような準備をしたのでしょうか？　川原監督に聞いてみると、マイクテストで最初のコメントを池松さんが読んだときに、とても良い感じだったので、そのままの勢いで一気に録った、とおっしゃっていました。収録に臨まれたときには、すでに池松さんのなかで、表現法が定まっていたと思うとのことでしたが。

本当に申し訳ないんですけど、ナレーションのときはなんにも練習しないんです。この映画に限らず、練習したことがありません。何が正解かもぼくにはわかんないですしね。もちろん映像は観ているし、だいたいどういうことを読むかわかったうえで臨んでいますけど……なんていうんでしょう、自分をコントロール下に置かずに映像を観る、すると、自然と、どうしたって自分を通るわけで、自分の思考とか、価値観とか、自分の……大袈裟に言うと、哲学とか、価値観とか、そういうものを通って、声が出てくるわけですよ。ときには、何言ってんだ？みたいな台詞にもあたることがあって、身体を通すようなやり方をしていると、そういう違和感も平気で声に出たりするんです。自分が拒否していることが、ナレーションに出てしまう。でも、なんかそれでいいような気がしていて、作品に迎合するつもりは、まったくないんです。ナレーションで一回解釈を通す、と誰かが決めたからには、ぼくの解釈が入っていてもいいと思っています。今回に関しては圧倒的に賛同につぐ賛同というか、何も違和感がなかったので、ただただその2時間、本来、カメラのなかにいない人が、観察者の前に一回観察して、それを声に出してみるという感じでした。それで、何が生まれてくるかは、はっきり言ってぼくはプロじゃないのでわかりません。ただ寄り添ってみますっていう感じなんです。あと、そういうやり方をしていると、今、千松さんがほんとはどういうことを感じているか、とか動物がどういう気持ちになっているか、とかいうことをキャッチできるものなんです。それで自然と声が変わったり、しっとり聞こえるようにしたりとか、ちょっと空気を変えようとしゃべったりとか……勝手にそうなっていくものだと思っています。

――ナレーションの言葉の多くは、千松さんの言葉ですが、なりきって読むアプローチは考えましたか？

むしろそんなことぜったいしちゃだめだと思いました。なれないし。でも人と人って交信するじゃないですか。それは感情移入とも違う。例えば、今ここに漂う空気って、お互いが共有しているわけじゃないですか。そして、お互いが、会話のなかでつくっている空気がある。それさえ感じ取れば、読めるような気がいつもしているんです。

——映像のなかの空気を表現するということですか？

人や場所から漂う気配と機微みたいなことだと思うんですけどね。

——川原監督は、たいていのナレーターが、台詞に合わせて身振り手振りをするものなのに池松さんが「不動」だったのも印象に残っていると言っていました。

恥ずかしい、見られてたんだぁ（笑）。なんでなんでしょうね……さっき解釈って言いましたけど、余計な解釈は与えたくないんです。ぼくがこの作品に圧倒的に感動したからと言って、こんなにすごい人生があるんだよ、って表現することはナレーションの仕事だとは思えないんです。カメラのうしろにあった「木」みたいな気分ですよ。そこに起こっていることがあってただ見ている。どうしようもできないけど、ただ見ている。ぼくは、木みたいな役割じゃないですか。ナレーションってなんか特殊だなあ、と思います。

インタビュー

監督

川原愛子

動物を殺す瞬間や解体から目をそむけない

――川原監督が、千松さんにカメラを向けようと思ったきっかけを教えてください。

2015年に、千松さんの著書『けもの道の歩き方』を読んだことがきっかけです。伊藤プロデューサーも松宮拓カメラマンも、ほぼ同時期に本を読んでいて、一気に企画が盛り上がりました。

――千松さんははじめから取材を快諾してくれたのですか？

テレビ取材をなかなか受けてくれないという前評判は耳にしていましたが、当たって砕けろ！　の精神でいきなり電話をかけました。千松さんは当然、難色を示していましたが「出演しなくてもいいから、お話だけでも聞かせてほしい。ビールでも飲みながらどうですか？」と頼み込みました。すると「ビールがあるなら行きます」とのこと（笑）。2017年の夏は猛暑だったんです。出演をお引き受けいただく際、千松さんから「動物の命が消えていく数分間、ぼくは動物と二人きりで過ごします。猟師になって17年になりますが、慣れない時間です。その時間を共有する覚悟はありますか？」と問いかけられました。重い言葉でしたが、向き合い続けることで、私自身、考えを深めていくことができました。〝動物を殺す瞬間や解体から目をそむけないこと〟が、撮影の最大の条件でした。

――どのシーンから撮影を始めましたか？

映画の冒頭でわなを仕掛けているシーンが本格的な撮影のスタートです。居酒屋で会ってからまもない17年秋に始まり、19年春まで密着しました。丁寧に土を掘り、木の枝を削り、細かく刺していく。直径わずか12センチのなかに、こだわりと工夫が凝縮されています。わなは機能性が重視されるため、見た目の美しさは特に必要ありません。でも、千松さんのわなはキレイなんです。わなを仕掛けながら千松さんが「わなは一つの芸術作品。上手にできたかどうかは、獲物が掛かったかどうかでわかる。しかも、その瞬間、その作品は壊れる」と語ったのが、ものすごく印象的でした。チームを組んで行う鉄砲猟とは異なり、わな猟は一人で行います。千松さんは通常、猟場には家族も立ち入らせません。わな猟の奥深さ、そしてこれから始まる千松ワールドにグイっと引き込まれたシーンでした。

いかに撮影するか？

――伊藤プロデューサーから、撮影コンセプトを共有するために『リヴァイアサン』（14）というドキュメンタリー映画を千松さんに観てもらったと聞きました（P15）。監督もご覧になりましたか？

はい。『リヴァイアサン』は海の漁師のドキュメンタリーです。漁師の目線の他、殺される魚の目線、おこぼれにあずかろうとするカモメの目線など多様な視座で物語が紡がれています。撮影場所は漁船という既視感のある現場なのに、目線を変えるとこんなにも新鮮で感情のあるストーリーが生まれるのかと驚きました。スタッフや千松さんとも何度も見ました。

かわはら・あいこ　1980年和歌山県生まれ。NHK京都放送局ディレクター。2005年NHK入局。「プロフェッショナル 仕事の流儀」「クローズアップ現代」などを担当。2018年から京都局勤務。

命を奪われるシカやイノシシの目線で猟を見たら？　動物の目には千松さんはどう映っているのか？　多視点だからこそ描けるものがあるのではないか？　そんな議論がスタッフ間で立ち上がり、今回の映像を撮影しました。もちろん、動物側にカメラを据えることが倫理的に正しいのかどうか、千松さんとも議論を重ねました。もしかしたら、強烈に非道な映像になるかもしれない。でも、現実を知るために撮ってみよう、それが動物の見ている世界なのだから、とわなに掛かったシカの隣にカメラを置かせてもらいました。テレビ版（ノーナレ、P13）を観た人から、あれは再現？　と聞かれましたが、本当の映像です。

イノシシが泥あびをした「ぬた場」

――千松さんの本には、イノシシの驚くべき臭覚についても書かれています。猟場で撮影して環境を変えてしまう懸念は、監督にはありませんでしたか？　千松さんも気にされなかったのでしょうか？

もちろん〝匂い〟には気を遣いました。千松さんと相談して、シャンプーやボディーソープは無香料のものを使う、山に入る時は毎回同じ物を着る、山に入る前は食事はしない（人間の食べ物の匂いを避けるため）、そして、動物たちに私たち人間の匂いに慣れてもらうために、毎日同じコースを歩く。さすがにこれだけ対策すれば、数週間でイノシシも慣れてくれる……という予想は、崩壊しました。1ヶ月たっても2ヶ月たっても、イノシシはまったく私たちの歩くエリアに近づいてくれませんでした。これには千松さんもビックリしたようです。特にカメラやマイクといった撮影機材の金属臭に過敏に反応しているようでした。

その後は、カメラマンだけが小型のカメラを持って千松さんについて行かせてもらったり、千松さんにGoProを付けてもらって撮影するなど、撮影方法を変えました。

驚いたのは、千松さんが足を怪我して、誰も山に入らなくなった数日後、イノシシの大群が猟場にやってきたことです。けもの道に仕掛けていた赤外線カメラに何十頭も写っていて、本当に驚きました。私たち人間が思っているより、野生動物は賢明でしたたかです。

猟師の世界では、金属製のわなをカシの木の樹皮で3日ほど煮込んで、匂いと色を落とすという伝統手法が伝わっています。今では「わざわざそんなことしなくても大丈夫だろう」と言われるようになっていましたが、先人たちの知恵がどれだけ大事か思い知らされました。

千松さんと行く山

――千松さんがわなを仕掛ける場所は、京都のどのあたりですか？

私も驚いたのですが、京都は山に囲まれた土地で市街地からちょっと外れるとすぐに森に入ることができます。猟場では、耳を澄ますと、車の走行音や近くの学校の子どもたちの声など生活音が聞こえてきます。千松さんと獣の命のやりとりは、街と山の境界線で繰り広げられている出来事なのです。当然、千松さんも山にこもった生活をしてはいません。週3～4日はサラリーマンとして市内で働き、コンビニにも寄れば居酒屋にも行きます。

――千松さんは、撮影されたものを観ると、自分が意外にどんくさい、と自嘲していましたが、山のなかでついていくのは大変ではなかったですか？

「どんくさい」とは、かけ離れています。斜面も一定のスピードでどんどん歩いて行きますし、私がついていくのは到底無理でした。普段鍛えているカメラマン、音声マンでも正直しんどいと漏らしていました。石のまたぎ方、斜面のルートの取り方、枝のかわし方、一つひとつの動きに無駄がありません。うしろから見ていて、スマートというか美しい動きだと感じていました。例えが正しいかどうかわかりませんが、修業を積んだ職人さんの動きが無駄がなく美しいのと似ています。

ただ、私が遅れても千松さんは怒るようなことは一切ありませんでした。むしろ、時々立ち止まって追いつくのを待ってくれました。でも追いついたら歩きだすので、結局休むことができず、めちゃくちゃしんどかったです……（笑）。

一度、足手まといじゃないですか？　と尋ねたことがありましたが、山を歩くペースがゆっくりになることは取材を引き受けたときからわかっていたことなので、気にせずに、とおっしゃってくれました。2年間もお付き合いくださったことに、本当に感謝しています。

ルールとしては〝千松さんが立ち止まったら、スタッフも止まること〟。千松さんが聞こうとする音をさえぎらないためです。特に夜の山では見通しがきかないので、〝音〟が一番の判断材料になります。夜の山は怖いですが、慣れてくると五感が研ぎ澄まされます。木の葉のこすれる音、フワッと通る風、雨上がりの土の匂い。私たちシロウトはこのくらいしか感じられませんが、経験豊富な千松さんは、それらを総合した〝獣の気配〟を嗅ぎ取っているのだと思います。「獣がわなに掛かっているかどうか、山に入った瞬間にわかることがある」と千松さんはおっしゃいます。言葉でも映像でも説明できないけど、何か山の雰囲気がいつもと違うのだと。そのことが今ではなんとなく理解できるような気がします。

命をいただく

——獲物を殺すシーンにはじめて立ち会ったときは、どのような気持ちでしたか。

いまだに整理がつかない複雑な感覚です。わなに掛かったイノシシを見た瞬間は「やった！」という喜びに近い高揚感が湧いてきました。人間が持つ狩猟本能が刺激されている感覚です。しかし、次の瞬間にはイノシシがわなに掛かったまま、突進してきます。大声で鳴き、鼻で土を散らし、牙をガチガチいわせています。自分よりも大きいイノシシに威嚇されると、今度は恐怖に襲われ、全身が硬直してしまいました。千松さんがとどめをさしたあとは、急速に体の力が抜け、安堵感のようなものが押し寄せてきました。

撮影前は、とどめをさしたあと千松さんに何を質問すればいいか、ちょっと意地悪に「かわいそうだと思わないんですか」と聞いてみるといいのか？……などと甘いことを考えていましたが、いざ直面すると打算は吹き飛び、何も聞くことができませんでした。むしろ何も話しかけてはいけない、第三者である私などが介入する場ではないと感じました。気づけば、極度の緊張状態で涙も出ず、喉だけがカラカラになっていました。高揚感、恐怖感、安堵感が複雑に交錯する不思議な体験でした。後日、千松さんに言われました。「それこそが生きているっていう感覚なんじゃないかな」と。

——終始飄々と、そして堂々とした千松さんですが、無双網（むそうあみ）の師匠・宮本さんの前ではカタナシですね。

宮本さんはスタッフの間でも絶大な人気を誇っています。助演男優賞をあげたいほどです。宮本さんは、この道70年。猟を生業としています。つまり長年、動物と命のやりとりを実践してきた人です。〝命をいただく〟という重いテーマを肩ひじ張らずに軽やかに教えてくれます。もちろん千松さんの猟の先生ですが、私たち一般の人にとっても師匠というべき存在ではないでしょうか。

——千松さんの獲物から作ったご飯を実際に食べましたか？

イノシシの焼肉、しゃぶしゃぶ、燻製……たくさんいただきましたが、やはり衝撃だったのは「イノ骨スープ」です。イノシシの骨を3日3晩かけて煮詰めたものです。塩コショウだけでじゅうぶんおいしい。味はトンコツと似ていますが、野生のイノシシだからなのか、驚くほど濃厚です。獣害対策で焼却されたイノシシの大量の骨を撮影したあとだったこともあり、私たちはなんてもったいないことをしているのだろう！ と痛感しました。命はゴミか、宝か……。そんなことを語りかけてくるスープでした

テレビから映画へ

——本映画は、NHK総合テレビの人気番組「ノーナレ」内で放送された「けもの道 京都いのちの森」が元になっています。ナレーションをしないのが特徴です。映画は300日の追加取材でもはや別の作品ですが、ナレーションを新たに入れた、という点も大きな違いだと思います。

今回の狩猟の現場や命のやりとりに関しては、決まった解釈はありません。テレビでは、ご覧になった人に自由に感じてもらい、自由に考えてもらうためにナレーションを排除し、映像の迫力と千松さんたち出演者のつぶやき、臨場感のある音声で物語を紡いでいきました。

ところが、それから1年間追加で撮影をさせていただき、99分という長尺で作品を制作する際、今度は別の発想をしてみました。ナレーションで視聴者を森の入り口まで誘い、そのあとはノーナレ形式の臨場感あふれる描き方ができれば、狩猟や千松さんの哲学をより魅力的に伝えることができるのではないかと。

ナレーターは池松壮亮さんにお願いしました。千松さんの世界観を表現してくれるのは、池松さんしかいないと思いました。落ち着いていながら、内には熱いものを秘めている。決して感情的ではないのに、どこか温かさを感じる……池松さんのナレーションは、千松さんの深遠な世界へと誘ってくれます。

——先ほどから伺っている、取材中の千松さんの言葉の数々もそうですが、映画内で話される言葉も、訥々と、慎重ですが、印象的です。他にもよく覚えている言葉があれば教えてください。

映画には入っていませんが、「なぜ普通に就職しなかったのか？」と聞いたことがあります。千松さんは京都大学出身、会社組織のエリートとして働く道もあったはずだと思ったので。千松さんは「やりたい仕事もなかったし、狩猟を続けたかった。肉や山菜、魚なんかの食べ物を野山から直接獲れば、それを買うためのお金は稼がなくていい。山からは薪などの燃料も手に入る。現在は、週の半分程度だけ働いて最低限のお金を稼ぎつつ、好きなことを続けるという生活に落ち着きました」と答えられました。もちろんサラリーマンが働くのは稼ぐためだけではなく、仕事にはやりがいや生きがいもあり、とても大事なことです。でも、満員の通勤電車に揺られているとき、昼時にチェーン店で他のお客さんと一列に並んで定食をかき込んでいるとき、ふと「本当にこれでいいのか？」と思うことがあります。

どうすれば千松さんのような感性を磨くことができるのか、聞いたときの答えも、忘れられません。例えば、町で暮らす私たちは雨が降れば通勤・通学がメンドウなので嫌います。でも千松さんは、雨が降ればシカやイノシシが動く、わなに掛かるかもしれないとウキウキしています。花粉を運んできたミツバチを見て、向こうの山にはウワミズザクラが咲いているということを知ります。私たちに見えるのは目の前の表層的な世界だけですが、千松さんは一つの出来事の奥に広がる世界を想像し、多角的にとらえています。千松さんの見ている世界はとても豊かです。どうしたらそんな感覚を身につけられるのか、と思って聞いたのですが……答えはただ「山に入っていると必然的にわかる」でした。観客のみなさんも、画面の向こう側に広がる奥深い世界に思いを馳せてもらいたいです。

インタビュー

プロデューサー

伊藤雄介

なぜ映画化したのか？

――川原監督によると、伊藤プロデューサーも、千松さんの本を撮影前から読んでいたそうですね。これは番組になる、という確信は監督と話す前から持っていたのでしょうか？

まず『ぼくは猟師になった』を拝読して千松さんのファンになっていました。でも、「番組にしたい」と強く思ったのは、『けもの道の歩き方』を読んだときです。等身大の目線で自然とかかわっている千松さんの姿が、「右肩下がりの時代の生き方」という意味で、非常に魅力的でした。都会の人は雨を嫌がるけど、猟師にとって雨は貴重、猟のために、イノシシが好むドングリがたくさんなるように間伐した木々が実はニホンミツバチの蜜源であったとあとから気づき反省する……そんなエピソードの数々が心に響きました。幸せとはなんなのか。都会生活で便利を消費することがあたりまえの凝り固まった価値観を気持ちいいまでにひっくり返された快感もありました。そこから、自然のなかにいる猟師の姿を映像化したいという妄想が、モクモクと沸いてきました。人間を撮るというよりは、森のなかで自然と対話し、「獣とともに生きる人間」という〝生き物〟を撮るというイメージです。宮澤賢治の童話「狼森と笊森、盗森」にある森と人間の対話のような世界観が思い浮かんでいました。そこで実現に向けて、川原監督と松宮カメラマンに声をかけてみたら……

――偶然にもお二人とも、千松さんの本を読んでいた。

ラッキーでした。このドキュメンタリーは、二人を欠いては撮れないと思っていたので。

――それはなぜですか？

民放やNHKの数多くの人間が訪ねても、千松さんから密着の許可が下りていないのは知っていました。でも、この二人なら……と思っていたんです。川原監督も松宮カメラマンも、対象との距離感をとても大切にします。そして待つことができる。彼らなら、千松さんも、自分の猟場、聖域に入れてくれるんじゃないかと。

それと、単純に、この二人の協同をぼくが見たかったんです。取材対象の懐に飛び込ませたら類をみない川原監督と、NHKのカメラマンのなかでも稀有な美しい映像を撮る松宮カメラマンのコンビを。監督の根性は今回も、すごかったです。とにかく何か起こらなくても、ひたすら毎日同じように千松さんの猟についていく。イノシシたちを自分の匂いに慣れさせるために。音声マンとカメラマンと交代で暗視カメラのSDカードを交換しに行く。労を厭わず、無駄かもしれないとわかっていても続ける精神力……なかなかそういう制作者はいません。膝に水がたまって歩けなくなってもロケに出ていましたからね（笑）。それに、特に密着の最初の年は獲物が掛からずに、現場の雰囲気は悪くなったそうです。千松さんは撮影クルーのせいとは言わないのですが（笑）、その関係性のなかで猟を記録するのは手前味噌ではありますが、並大抵の努力ではできないことだと思います。膨大な無駄のすえに大河の一滴を見いだすという意味で、とても尊敬できるディレクターです。

いとう・ゆうすけ　1975年神奈川県生まれ。NHK京都放送局チーフ・プロデューサー。1999年NHK入局。「クローズアップ現代」や「ドキュメント72時間」などの番組の制作にかかわる。「ノーナレ」のチーフ・プロデューサーとして2年間、全国のディレクターやカメラマンとドキュメンタリーを制作。2019年から京都局勤務。

松宮カメラマンは、単純にぼくが彼のファンなんです。『その街のこども』（２０１０年にＮＨＫで放映、11年に劇場版公開）のあるシーンが印象に残っています。佐藤江梨子さん演じる大村美夏が実家にたどりつく、そこをドリーバック（移動撮影）で映しているんですが、その映像は今でも脳裏に焼きついています。ぼくは彼のすごさはルーズショット（被写体だけでなく、少しだけ周りも画面に入れて撮影する、ややゆったりとした構図）だと思っていて、目に見えない色んな情報を撮れる、自分が感覚的に感じる「雰囲気」を記録することができるカメラマンだと思います。

「もっとわかりやすく」という潮流のなかで

——取材された映像はまず「ノーナレ」という番組で放送されました。ナレーションを一切入れない、独特な番組です。

説明するのではなく、観て感じてもらいたくて、はじめから「ノーナレ」で放送しようと思っていました。「ノーナレ」は、「もっとわかりやすく」という潮流のなかで、音楽やナレーションや字幕が過多になって、素材の強さで勝負するドキュメンタリーの原点が忘れられてしまっているのではないか、という反省からＮＨＫの有志が立ち上げた不定期の番組枠です。千松さんのドキュメンタリーなら、コンセプトにぴったりだと思っていました。

——千松さんにもそういう番組コンセプトは説明したんでしょうか？

飲み屋とか、千松さんのお家とかで、議論を重ねましたね。なかなか言葉でイメージをシェアするのが難しかったです。そこで、『リヴァイアサン』というマサチューセッツ州の漁師をとらえた映画を例に挙げて、こんなふうに撮りたいと伝えてみたんです。千松さんも観てくれて「いいですね」と言ってくださったのを覚えています。『リヴァイアサン』は、「ノーナレ」という番組自体を立ち上げるなかで、「感じる」映像とは何か、を海外の事例などから勉強した時期に出会った映画でした。ハーバード大学の感覚民族誌学研究所という実践研究グループが撮った映画です。

——放送されれば、例えば「残酷だ」といった批判も出るだろう、と予想はしていましたか？

なにぶん、魚の血が映っても視聴者からご批判をいただく時代でもありますので……。取材した映像を観ながら、命を奪うとはどういうことか、目をそむけたくなる自分はなんなのかを考えました。取材を重ねるなかで、焼却場施設が我々の知らないところで建てられ、毎年何万頭にものぼる動物が「害獣」として焼かれている事実を知ったとき、「残酷なのはどっちだ？」、むしろそんな事実を知らない、知ろうともしない自分たちではないか……とすとんと腑に落ちた。これは批判があってもやるべきだと腹を決めることができました。

——「残酷さ」については監督とも話し合いましたか？

編集の段階でもかなり事細かく話しました。わなに掛かった獲物を失神させるために千松さんが棒で殴るシーンや、ナイフでとどめをさして血が流れる映像、わなに掛かったシカの目線で捉えた千松さんの顔とシカの鳴き声……一つひとつが視聴者にどう見えるか。最初は残酷に見えるかもしれない千松さんの営みが、ぼくらが忘れてしまった「命をいただく」という営みであり、その行為が貴さを感じられる映像として観てもらうためにはどう構成すればいいのか。ただ、議論すればするほど、説明的な構成になってしまうところもあって、テレビ版、映画版を通じて、ああでもないこうでもないと悩みに悩んだというのが正直なところです。

なぜ映画化したのか？

——映画版を作ろうと思ったのはなぜなのでしょうか？

率直に言いますと、テレビ版が完成したとき、川原監督にもぼくにも言葉にできないモヤモヤがあったんです。それがなんなのかあとになってわかったのですが、「残酷なのはどっちだ」という問いにあまりにもしばられていたのだと思います。実はテレビ版では、血の色を抜いたり、獲物を刺すときの鳴き声の音量を落としたり、焼却処理場と千松さんを、わかりやすく対比する構成にもしました。最終的に、森に生きる善人の千松さんと、森を捨てた悪人の都会人の我々という二項対立を作って、自分たちの現実をもう一度思い出す……そんな伝えたいことありきの「直線的」な構成になってしまった気がするんです。川原監督もぼくも、テレビで番組を作っているなかで、わかりやすくするということがよくも悪くも身に染み付いています。「ノーナレ」は、本当はその反省から、わかりにくいことはわかりにくいままに放り投げることで、視聴者の想像力や理解に任せたいのに、どうしても癖が出てしまって……。これが「ノーナレ」の目指す世界観なのか？　結局テレビ的ではないか？　というお叱りを友人や制作者の仲間の皆さんからいただきました。悔しかったですね。

――映画版はナレーションを入れたこともテレビ版との大きな違いですね。

ずっと入れるかどうか迷っていました。もし入れるなら、千松さんを感じられるような人に、「僕は猟師になった」の「僕」を感じさせるような人に読んでもらいたいと思っていました。そんなとき、池松壮亮さんがナレーションをしているＪＴの「ひとつずつですが、未来へ」というＣＭを観たんです。「言葉よりも背中で語る、森の哲学者」という千松さんのイメージにぴったり重なると思いました。

千松さんの作業場。ここでイノシシやシカを解体する。

川原監督もナレーションの有無には悩んでいましたが、池松さんによる実際の収録が始まった瞬間、これはよい作品になる！　と確信したそうです。収録が終わって、池松さんに「僕、すごく好きです。千松さんの生き方。今回は、少しだけ、お役に立てたような気がします」とはにかみながらおっしゃっていただいたのが、嬉しかったです。

――さきほどの話に戻りますが、映画版はテレビ版のモヤモヤがあったからこそ始まったということですね？

こんなことを言うと怒られてしまうかもしれませんが、千松さんは決してテレビ向きではないと思っていました。千松さん自身がテレビ的に消費される存在にはなるまいと多分に思っていらっしゃることも大きいですが（笑）。言葉が短くクリアカットなわけではありませんし、感情表現が豊かでもないからです。わな猟も極めて地味でビジュアル的に優れているとは言えません。でも、そこに大きな魅力がある。それなのに、きちんと伝えられていなかった。テレビの枠を超えられなかった。そういうもどかしさ、悔しさで映画にむかいました。また今回の製作にあたっては、映画の編集を普段手がけている村本勝さんにお願いしました。

テレビ屋の発想を指摘され、衝突したこともありました。音楽に関しても同じように悩みました。千松さんの日々の暮らしを丹念に愚直に追い、家族の暮らし、スズメ猟の師匠との関わりなども重層的に入れ込むことで、千松さんの暮らし、千松さんの生き方を、我々都会人との対立構造で無理やり描かないように、というのがつねに考えたことでした。千松さんの日々の営み……猟のシーン、家族のシーン、四季の流れ、それらがモザイクのようなタペストリーとなって観終わったときに、じわっと自分の人生、生き方について考える、そんないい意味で余白のあるドキュメンタリーにしたかったんです。それぞれのシーンは明確に意図したものがなく、色合いが曖昧、でも最後に俯瞰してみたときに、曼荼羅ではありませんが、複雑だけど調和がとれて美しく感じられる映像も、映画ならつくれるはずです。でもいざ挑んでみると自分たちには、そういう絵を描く身体感覚がないことに気づかされました。今でも初号試写の4時間版が一番面白かったのではと不安になります（笑）。どうしても整理すると、わかりやすさを求め始めてしまう。感覚ではなく論理がたってきてしまう。観ている人に、どこまでその人の感覚で観てもらえるか、心配であり楽しみでもあります。

狩猟入門

猟師が、猟の様子を人に明かすことはあまりありません。山のどこを見て、どんなふうにわなを仕掛けるのか、千松さんの視線と観点と工夫を見られるのも、この映画の魅力の一つです。

鑑賞の一助に、法律やわな、獲物の解体の方法など猟にまつわる基礎知識を解説しました。

狩猟免許

網、わな、銃で猟をするなら必ず持っていなければなりません。千松さんが取得した２００１年は、網猟とわな猟は「甲種」とひとくくりでしたが、今はそれぞれで分かれています。もちろん、銃猟も、銃の種類に合わせた免許が必要です。

狩猟期間

「猟期」と呼ばれ、北海道以外の全国ではおおむね11月15日から2月15日と定められています。もとは「鳥獣の保護を図る観点から」設定されましたが、獣害被害の拡大により、皮肉にもその期間は全国的に伸びています。現在、千松さんが猟場とする京都府では、ニホンジカ、イノシシに限っては、3月15日まで延長されています。

狩猟鳥獣

法律で「獲ってよい」とされている動物は、左記の48種類です。なお、鳥獣のなかには捕獲数が制限されているものや、都道府県によっては捕獲を禁止されているものもあります。

鳥類（28種類）

カワウ、ゴイサギ、マガモ、カルガモ、コガモ、ヨシガモ、ヒドリガモ、オナガガモ、ハシビロガモ、ホシハジロ、キンクロハジロ、スズガモ、クロガモ、エゾライチョウ、ヤマドリ（コシジロヤマドリを除く）、キジ、コジュケイ、バン、ヤマシギ、タシギ、キジバト、ヒヨドリ、ニュウナイスズメ、スズメ、ムクドリ、ミヤマガラス、ハシボソガラス、ハシブトガラス

獣類（20種類）

タヌキ、キツネ、ノイヌ、ノネコ、テン（ツシマテンを除く）、イタチ（オス）、チョウセンイタチ（オス）、ミンク、アナグマ、アライグマ、ヒグマ、ツキノワグマ、ハクビシン、イノシシ、ニホンジカ、タイワンリス、シマリス、ヌートリア、ユキウサギ、ノウサギ

獣害問題

シカ、イノシシ、サルなどに、田んぼや畑の作物を荒らされる被害が、近年とても増えています。平成30年度の被害金額は約１５８億円にのぼりました。森が荒廃し、山を降りた、と短絡しがちですが、理由は複合的です。電気柵の設置、「駆除」に対する報奨金制度、食肉としての流通への取り組みなど、各農家、各自治体が対応策を練っています。千松さんは、「獣害はあっても、害獣はいない」とよく言います。

参考＝千松さんの著書『けもの道の歩き方』。

わな猟の1日のスケジュール

（千松さんの場合）

猟期が始まると、下調べした場所に、くくりわなを仕掛けます。その一つひとつを毎日、欠かさず見回ります。獲れていたときは、木の棒などで殴打し気絶させたのち、心臓付近の大動脈をナイフで刺し、絶命させます。心臓のポンプ機能が働いた状態で放血します。よく血が抜けた肉はくさみがありません。山から下ろし、内臓を抜き、水を入れ凍らせたペットボトルを詰めるなどして、すばやく冷やします。これもおいしく食べるためにはなるべく迅速にする必要があります。仕事のある日は見回りが夕方から夜になることもあり、解体は深夜になることもあります。猟期はわなを架設している限り、これを毎日繰り返します。

くくりわな

メカニズム

1 塩ビ管で作ったパーツとバネに一本のワイヤーを通してある。

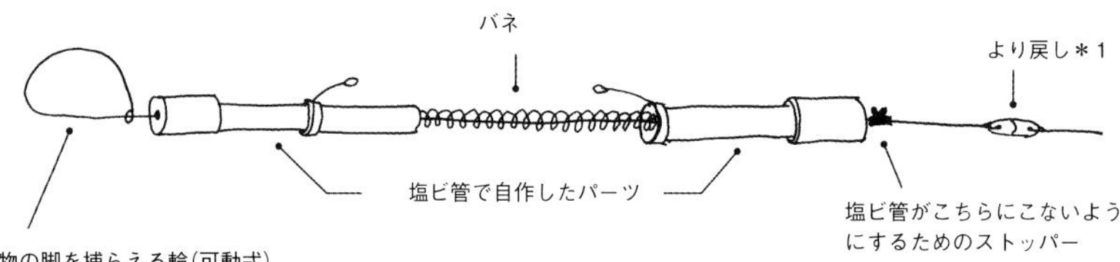

2 バネを縮めて塩ビ管同士をピンで固定。輪は広げておく。

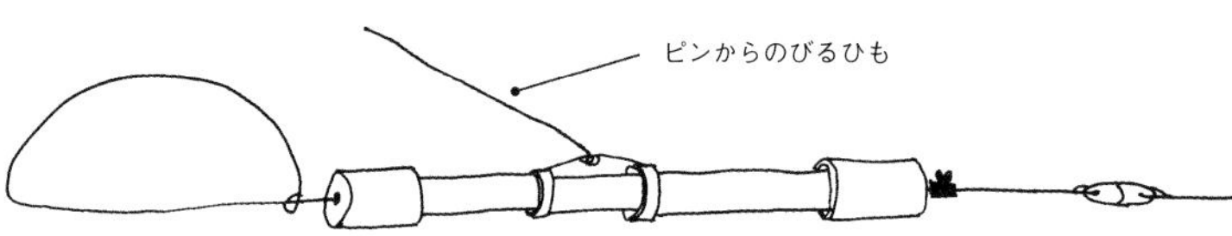

3 掘った穴にわなを仕掛け、落ち葉や木の皮、土などで隠す。穴の側壁の中ほどには杭が刺してあり、獲物が踏むと沈む。杭の下には塩ビ管を固定するピンからひもがのびていて、獲物の重みでひもが引かれ、ピンがはずれる。

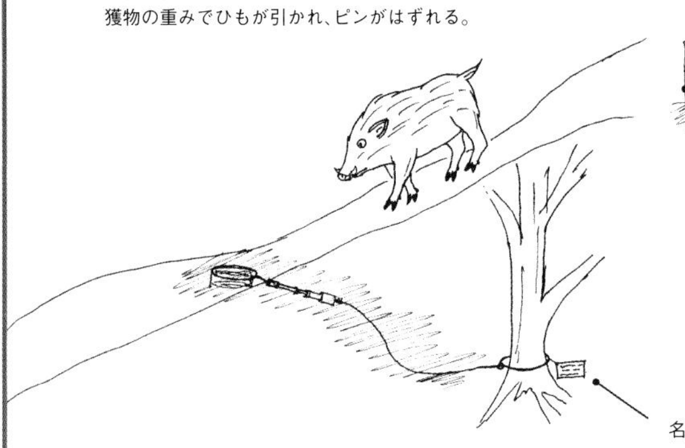

穴の直径は12センチ以下（2007年度より義務化）

約15センチ

4 塩ビ管がバネの力で押し出され、輪が締まり、獲物の脚を捕らえる。＊3

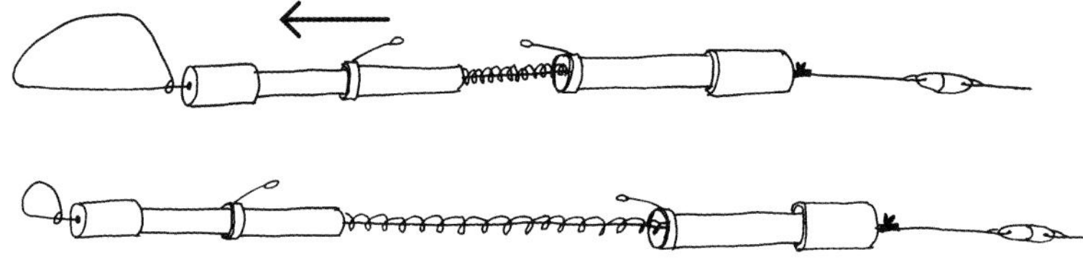

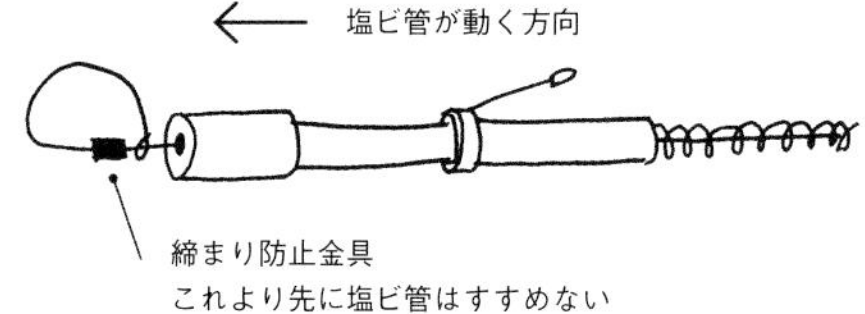

＊1 ワイヤーのねじれ防止のための器具。2007年度より取り付けが義務化された。 ＊2 氏名、住所、狩猟者登録番号、都道府県知事名などを書いたプレート。添付が義務づけられている。 ＊3 実際の輪には「締まり防止金具」がついている（右図）。輪が一定以上締まらないようになっており、押し出された塩ビ管の動きが止まる。足のサイズが小さいタヌキなどの小型獣がかかるのを防止している。これも2007年度より取り付けが義務化された。

イノシシ、シカなどの獲物が、輪のなかに足を入れると、即座にバネが働き、輪が締まり、「くくる」わな。わなは、木などにつなげてあり、獲物は生け捕りになるので、毎日の見回りがかかせません。クマを誤って捕獲してしまわないように、輪を直径12センチ以下にしなければならないなど、細かい仕様規定があります。千松さんは、ワイヤーと塩ビ管などで自作していますが、原理的には木やツルなどの自然物で作ることもできる、とても原初的なわなです。ちなみに、トラバサミの使用は禁止されています。

無双網

地面に広げた大きな網で、鳥を文字通り一網打尽にします。つなげたワイヤーを引っ張ると網が反転する仕掛けです。本映画の名バイプレイヤー・宮本宗雄さんの操るのは、左右に2枚の網があるので「双無双（ふたむそう）」とも呼ばれます。狙うのは、スズメ、カモ、ヒヨドリなどです。鳥の網猟というと違法猟法のカスミ網が有名ですが、無双網は法定猟具に指定されている伝統猟法です。

無双網は、カモ、スズメ、ヒヨドリなど狙う対象に合わせたサイズのものを使う。仕組みは基本的に同じ。右図は構造がより単純なスズメ猟のもの。
長方形の網の短い辺は竹。2枚の網の内側4カ所は地面に打った杭に結わえてある(▲)。
ワイヤーのⒶとⒶ（白抜き）は★の位置に鉄杭で固定されている。反対側のワイヤーⒷとⒷ（白抜き）はY字にまとめられⒸの部分を引っ張ると、固定された▲を中心に網がひるがえり2枚の網が重なって獲物を捕らえる。
ⒷとⒷ（白抜き）に微妙な長短をつけることで、力のかかりかたに差をつけ、ひるがえるスピードを変えている。短いほうが速くひるがえり、長いほうが遅くなる。さらに2枚の網の距離を調整し、重なり合うようにして、獲物の逃げ道をふさぐ。

メカニズム

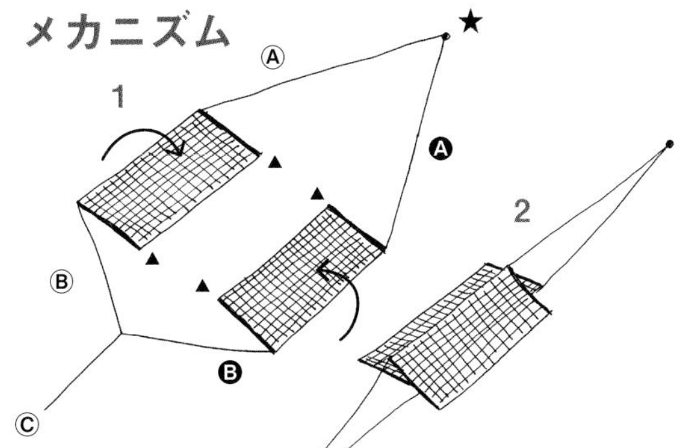

スズメ猟の仕掛けの位置関係

カラスの剥製

ひものついたおとりのスズメ

おとりのスズメの入ったかご

竹ひごを使った仕掛け（下図）

スズメ猟にはおとりのスズメが全部でだいたい50羽は必要。うち40羽ほどは、かごに入れてエサをやり、ワラなどをかぶせて、隠す。竹ひごの仕掛けにも2羽、残りも鼻にひもを通して、杭がわりの割り箸につなげておく。獲物のスズメが上を通ると、エサを食べるスズメの鳴き声がし、目をやるとパタパタと仲間がエサをついばんでいるように見えるというわけ。網のところまで降りてくるまでにはあと一歩。さらにカラスの剥製を用意する。賢いカラスがいる場所は安全、とスズメは察知するらしく、一緒にいることが多い。カラスは必ず風上を向く習性なので、その点も気をつけて、自然に配置する。

おとりのスズメをあやつる竹ひごを使った仕掛け

2本の竹ひごで作った仕掛けの一方には、鼻にひもを通したスズメがつけてある。もう一方は地面に刺した杭とひもでつながっている。竹ひごが交差するところからのびるひもを引っ張ると、点線で示したように仕掛けがもちあがり、スズメが宙づりになる。スズメはびっくりして羽をバタバタさせ、上空からはそれがエサにたかっているように見える。竹ひごが交差する部分からは下にもひもがのびていて杭でとまっている。これがストッパーになり、仕掛けがひっくりかえらない。

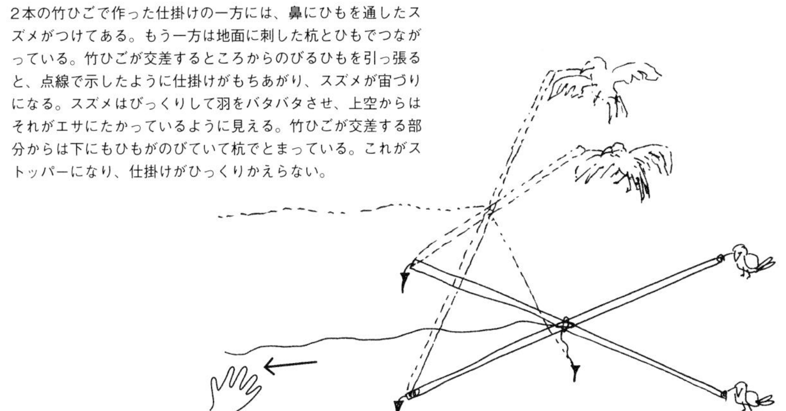

カゴに入れられたおとりのスズメ

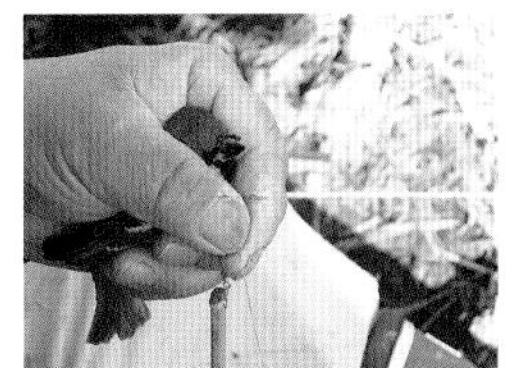
おとりのスズメにひもを結びつける

P20、21の図と写真は千松信也著『ぼくは猟師になった』（リトルモア）より。

イノシシの解体

1
捕らえたイノシシを水洗いします。イノシシは泥浴びをするので、毛のすみずみにまで泥が入っています。汚れが肉につくといけないので、念入りに洗います。その後、腹を割いて内臓を速やかに取り出し、水道水で腹のなかを洗って粗熱を取ります。あとは開いた腹のなかに、ペットボトルの水を凍らせたものを詰め、水に沈め、よく冷やします。良い肉を得るためには必須の作業です。

2
「皮剝ぎ」をします。足首のまわりに切り込みを入れ、そこからお腹にかけて、腕、脚の内側に切れ目を入れます。ドングリをたくさん食べたイノシシは脂身がとても甘くておいしいので、皮下脂肪をきっちり肉に残すように皮を剝いでいきます。内股やスネを除き、イノシシには脂が多いです。皮は顔をふくめ、すべて剝いでしまいます。なお、地方によってはお湯につけてから毛を引いたり、バーナーで毛を焼いたりして皮ごと食べるところもあります。

3
脚の腱にフックをかけ、両後脚を吊します。頭を首の関節で切り落とし、ノコギリで背骨をギコギコと真っ二つにします。これは「背割り」という工程で、こうすることで、二手に別れての作業がしやすくなります。

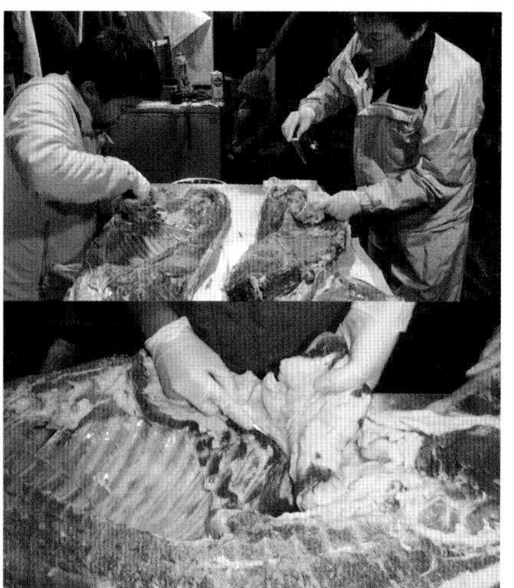

4
内側の余分な内臓脂肪や横隔膜の端っこなどを取り除き、キッチンペーパーで切断時に出たクズや血をふき取り、きれいにします。この段階で内側についているヒレ肉はとることができます。

5
「骨抜き」をします。あばら骨の内側についている膜を剝がします。うまくやるときれいにピーッと剝がれます。次にあばら骨を抜いていきます。一本ずつ両側に切れ目を入れ、その裏側にナイフを入れ、なるべく骨に肉が残らないようにはずします。背骨のところまで剝がすと、ポキッと折れます。あばら骨が全部抜けたら背骨や尾てい骨、胸骨もはずします。骨に肉が残らないように、骨に沿ってナイフを入れていきます。慣れてくると骨の形に見当がつくので作業が早くなります。

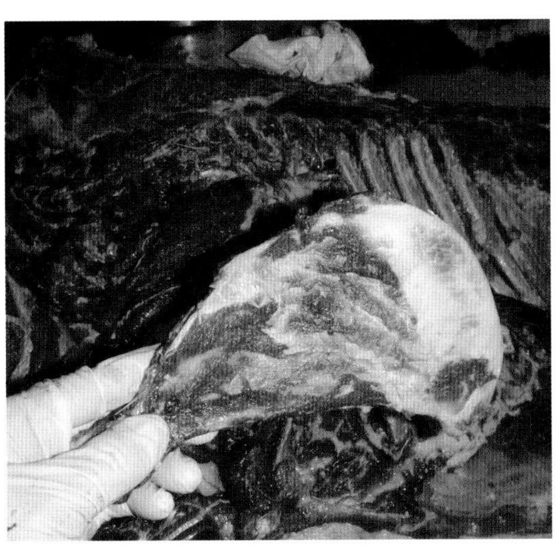

6
腕、モモともに骨のラインに沿ってナイフを入れ、肉を開くようにして骨を取り出します。モモは比較的簡単ですが、腕は羽子板と呼ばれる肩胛骨（写真）がしっかり入っているので、手間がかかります。

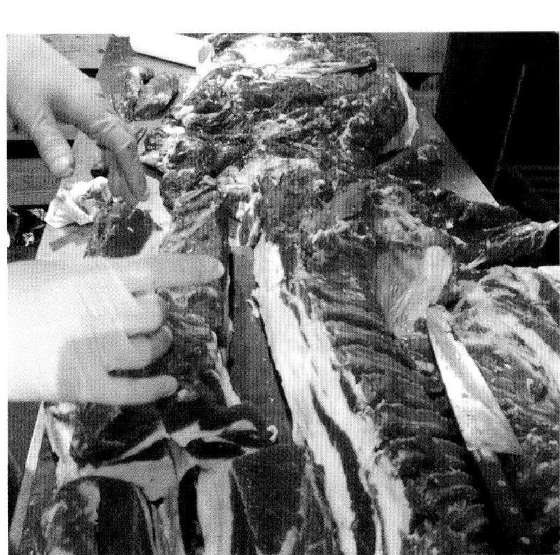

7
すべての骨を抜き終わったら、各部位に分け、精肉にします。基本的には、首、ロース、バラ、腕、モモ、スネくらいに分かれます。頭部からはテン肉と呼ばれる頬肉とタンがとれますが、大きいイノシシだと手間をかければそこ以外からも端肉がとれます。

8
各部位でパックして冷凍保存します。

シカの解体

1 シカは吊したまま皮を剥きます。後脚の腱にフックをかけて吊し、足首4本すべてに切り込みを入れます。その内側から体の中心まで切れ目を入れ、後脚の先から皮を剥ぎます。

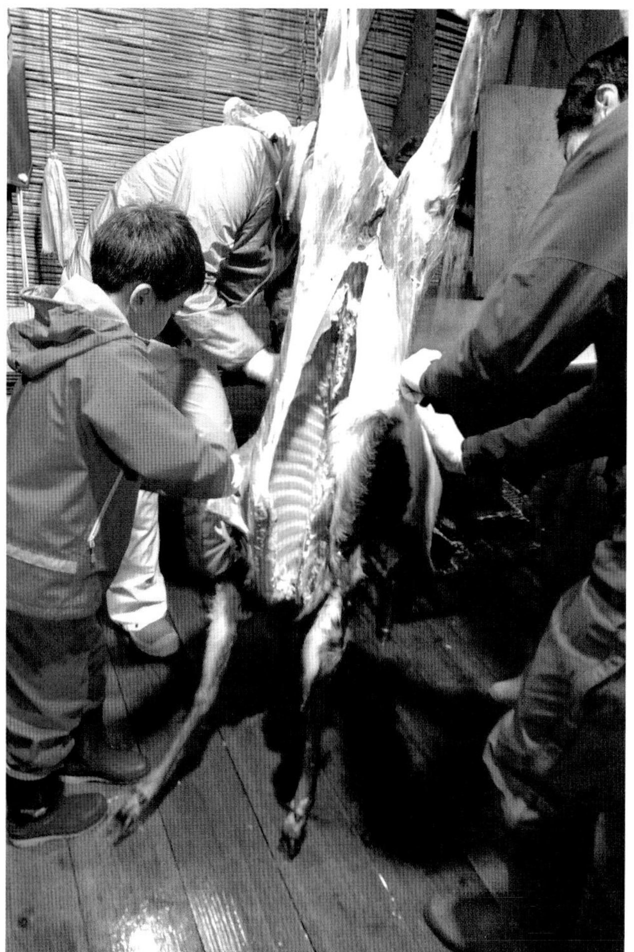

2 皮を引っぱりながらナイフをそっとあてがうだけで、するすると剥けていきます。ある程度剥けたところで、体重をかけて引っぱればベリベリッと音を立てて剥ぐことができます。イノシシのような慎重さがいらないのでかなり楽です。尻尾は付け根の関節部分で切断します。ヨーロッパではウィンチでシカの皮を剥ぐ工場などもあるそうです。バラ肉の外側の薄い層が皮につくのさえ注意すれば、ものの10分もあれば剥き終わります(上写真はシカ皮)。

3 頭を前後に動かして関節部分を見つけ、ぐるりとナイフを入れ、頭部をはずします。身体と一緒に顔の皮を剝いでしまう人も、首くらいまででやめて、頭は皮のついたまま切り落とす人もいます。また、人によっては頭部はほとんど肉がないので、山に埋めてしまいます。千松さんは基本的には皮を剝き、頬の肉とタンだけ取ります。脳みそを食べたことも何度かあるそうですが、一般的にはあまり食べません。

頭部がはずれたら、シカはイノシシと違い、そのまま各部位に分けていきます。背割りのような大がかりな工程はありません。肩胛骨ごと前脚をはずし、次に後ろ脚をはずします(下写真)。そして、残った胴体から背骨に沿ってついている背ロースの肉をはずします。柔らかく肉質も良いため、シカ肉では最も珍重されています。さらに胴体内側のヒレ肉とあばら骨周辺のバラ肉、首まわりの肉などをはずせば、胴体の処理は終了です。

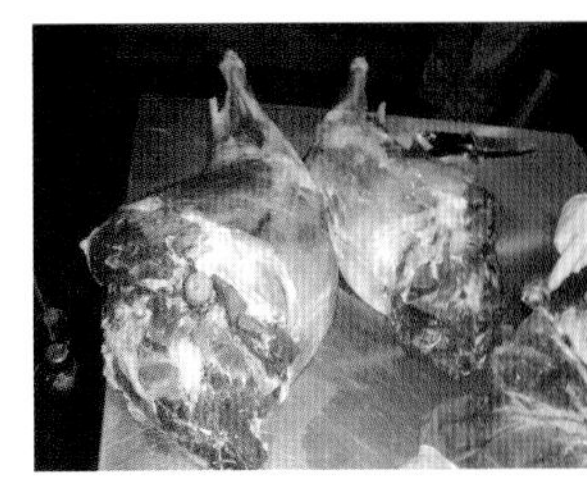

4 脚は中心に通っている骨を取りはずす必要があります。前脚は肩胛骨をはずすのがやや面倒ですが、慣れればそう手間はかかりません。さばいた肉はそれぞれ適当なサイズにカットし、スジや膜などを取り除いて精肉にし、パック詰めして冷凍します（上写真は背ロース）。

評論

「猟師になる」とは?

渥美喜子

冒頭、枯れ草に覆われた獣道のさきに、罠にかかった大きなイノシシが映る。穏やかだった山の風景は、命を「奪う側」と「護る側」が対峙する閉ざされた空間に変化する。悲痛にも聞こえる鳴き声をあげるその獣の、反撃が届かないであろう適切な間合いにまで接近し、手に持った木の棒を大きく振りかぶると「おいしょっ!」と声をあげながら眉間を思いっきり三回ぶん殴った! 獲物は倒れたけど後ろ脚が痙攣している……? あっけに取られているこちらのことなどお構いなしに、すばやく馬乗りになって急所をナイフで刺す。イノシシは一切動かなくなる。

罠にかけた猟師が獲物の「命を奪う」までの記録であるのと同時に、罠にかけられた獲物が猟師に「命を奪われる」までの記録。開始数分から狩猟の「現実」を突きつけられた私はひどく動揺してしまう。さらにいえば、獲物との直接対峙はこの冒頭のシーンを含めて劇中で4回映されるのだが命を「奪う側」と「護る側」のどちらもが放つ強烈なテンション(緊張)に、私は最後まで圧倒されることになる。

そのいっぽうで、狩猟のあとに行われる解体のシーンは、動物の「解体」という言葉から連想されるグロいイメージとは裏腹に、ゆったりとした時間が流れているように思える。水洗いされて泥が落とされた獲物の身体から内臓が取り出され、皮が剝がされ、バラバラにされていく骨と肉が映される。ときには子どもたちも参加しながら談笑しつつ進められていく作業のなかで、猟師たちの手慣れた技術に関心したり、適切に処理された獣肉は鮮やかすぎるほどのピンク色であることに気づいたりもするのである。

そもそも、猟師という存在に対して私が持っていたイメージは、ひと里離れた山奥でひっそりと生活している人間嫌いの変わりもので、毛皮を着て、猟銃片手に猟犬を引き連れてクマやシカなどを狙うひげ面のがんこ爺い、という、いかにも今まで見てきた映画内猟師(?)の寄せ集めであった。実際の猟師に知り合いなんていないし、フレンチレストランで食べるジビエ料理は好きだけれど、それらの獣を捕まえる人のことなんて考えたことはなかったし。

そんなわけで、私は『僕は猟師になった』に記録された千松信也さんの日常を通して、都会と田舎の中間地帯「トカイナカ」に拠点をかまえ、猟銃を使わない「わな猟」を専門とする猟師がいるということを人生で初めて(!)知ることになった。しかし、それらを単に知る以上のこと、つまり千松さんの日常=狩猟生活について考えを深めていくことは、ひと筋縄ではいかない。インタビューでこの作品の感想を尋ねられた千松さんは「千松家のホームビデオのような印象」と応えているが、そのホームビデオに記録された「日常」は、さまざまな要因が絡まり合うことで成立しているものだからである。

妻の裕香さん、長男の小太郎くん、次男の佐路くんたちと一緒に千松さんが住んでいる古いお堂を改装した自宅は、木々に囲まれ、街を見下ろせるほどの高さにあり、山との距離がとても近い場所にあることがすぐにわかる。だが街との距離感は、「京都の中心部から車で20分」であることや「コンビニにも歩いていける」という言葉の情報があるだけで、じつはあまりよくわからない。たとえば街のほうから山の自宅をとらえた映像のような、距離感が視覚的にはっきりとわかるような映像は提示されないのだ(もちろんプライバシーを守る配慮もあるだろう)。

しかし、時折聴こえてくる廃品回収のアナウンスや学校のチャイム、あるいはチャイムが鳴ったあとに徐々に拡がっていく生徒たちの笑い声は、東京の自宅で私が耳にしている生活音とも変わりがないものである。そういったささいな街の痕跡が山の要素といたるところで重なり合うことで、私たち観客は、千松家の日常を「こういうものか」と無意識のうちに納得しながら見ているのではないだろうか。言いかえれば、私たちは自分たちの日常と千松家の日常を地続きのものとして認識できているのだ。

たとえば、千松家には、息子さんたちの友だちが頻繁に遊びにきている。ごく自然に息子さんたちに交じって鶏小屋に

あつみ・よしこ 1979年大阪府生まれ。東京渥美組代表取締役。映画ライター。「シネ砦」編集長。2005年に開設した自身のサイト「gojo」で映画日記を執筆中。『森崎東党宣言!』(インスクリプト)のほか、女性カルチャーサイト「messy」、雑誌「映画芸術」「ユリイカ」「映画横丁」などに寄稿。

入っていたり、縁側に腰掛けたりしているから、はじめは千松家の一員なのかと思って見ていたのだが、その後もいろんな友だちがやってきては、養蜂箱から採れた蜂蜜をわいわい言いながら舐めたり、自分たちで取った山菜入りのイノ骨ラーメンを食べたりしている。子どもたちが頻繁に遊びにこられるのだから、やはり街からそう離れていないところに千松家はあるのだろうし、服装や髪型を観察してみても、普段都会で目にする子どもたちと全然変わらないのである。

もうすこしだけ服装のことにふれると、千松さんはあくまで機能性重視といった風情だが（他にこだわりがあったらすいません）、裕香さんや息子さんたちはむしろお洒落である。なかでも印象に残っているのは、シカの解体の手伝いをするときに息子さんたちがお揃い（？）で着ている蛍光ピンクのかわいいマウンテンパーカーで、「最近の子どもたちは獣肉を解体するときもオシャレなんやな……」とよくわからない感心の仕方をしてしまうのだった。そういえば、裕香さんはシティーガールとのことなので、お子さんたちの洋服は彼女が選んでいるのかもしれない。

ともあれ、この作品＝千松家のホームビデオに記録された日常は、見ながらつい笑顔になってしまうほど、あくまで大らかで、ときにユーモラスである。重労働であるはずの獲物の解体ですらこの日常のなかに属しているといえるだろう。

だが狩猟はどうだろうか。

ワイヤーで自作の罠を作り、冬の山に分け入り、獣の通りそうな場所に狙いを定め、落ち葉や枯れ木の位置を微調整しながら直径12センチの罠を仕掛ける猟師の姿は、とても地味だ。イノシシの足跡や糞の大きさから、どのくらいの年齢か、親子連れかなどを想像し、木の葉についた泥しぶきの跡から、行動を想像する。そこには存在しないものの気配を感じ取っていく。文字にするのは簡単だが、果たしてそんなことが可能なのかと呆然としてしまう。

この作品における千松さんの狩猟の時間と空間は、日常のなかにあっさりと収まってくれないどころか、むしろはっきりと切断されているように私からは見える。「切断」というのは比喩ではなくて、千松さんに従ってカメラが山に入ると、映像から街の痕跡はなくなってしまい、私が知っている日常から未知の「自然」へと空間が変化しているのだ。

だが千松さんの著書を読むと、日本では「本来の自然」というものは一部の原生林を除けば存在しておらず、現在のほとんどの山は人間が手を加えてきたものであり、千松さんが入っている山もまた例外ではないという。さらにいえば、人間の生活様式や領域の変化の影響から野生動物の生活もまた変化していくなかで「獣害」は発生するのだが、いつのまにかその前提は忘れられ、もともと人間に害をなすために生まれてきた「害獣」というフィクションが作られてしまう。

かわいいバンビもウリ坊も、農家の人々を悩ませる存在であり、それを処理するために行政のお金が動く。劇中に出てくる最新のＩＴ技術で管理された処理場は、その被害に苦しむ農家の人々にとっては必要なものなのだろう。だがそれはあまりにも人間本位過ぎないか。しかし私たちの多くは、そのことを知識として知っていたとしても、人間の手が入っていない山と入っている山を具体的に判別することができないし、「獣害」を「害獣」と取り違えてしまうのである。

網猟師の師匠である宮本さんは、狩猟の心得を「自分が考えるのではなく相手が教えてくれるのだ」と言っている。そしてそれが「わかる」ようになるためには「数を経験をしなければならない」とも。逆から言うと、経験を積み重ねなければ、たとえ目の前に獲物の痕跡がどれだけ転がっていてもそれらを正しく読むことはできないのだ。スーパーに並んだお肉を血まなこで凝視して、どれだけ想像力を働かせてみても、もともとの豚や鶏であったときの「現実」には決して辿りつくことができないように。私たちは、自らが作った日常＝「フィクション」に閉じこめられて生きている。

いっぽうの千松さんは、猟師として現に自分が生きている場、そこで通用しているルール、そのなかで妥当性を得る実感、といったものを決して手放さない。そのことがはっきりとわかるのが脚の骨折をめぐるエピソードだろう。千松さんにとって、狩猟の最中に起きてしまった骨折を手術で元に戻すという選択は、獣たちとの対等な勝負を自ら放棄し、猟師としての日常を非日常として切り離してしまうことを意味している。言いかえれば、私たちが生きている日常＝「フィクション」からは切り離され、隠されてしまった自然の「現実」を日常として生きることが「猟師になる」ということなのだ……。などと大げさにいうと「いやいや、そのへんは僕テキトーなんで」とやんわりたしなめられてしまうだろうか。

同じ山を見ていても、猟師ではない私たちと、猟師になった千松さんの見ている景色は全然違うんだろうなあと思うと、一瞬その豊かさを羨みそうになる。しかしその都度、私たちの日常に収まることを命をかけて拒否するあの暗闇のなかのイノシシが、私の呑気な考えを一蹴するのである。

評論

何をどう食べるか？ 千松さんの選択

内澤旬子

私たちは日々何を食べて生きているのか。

卵サンドイッチやカレーライスなど、献立を列挙することは簡単だ。ではそれらの材料はとなると、料理経験のない人には少し難しいかもしれない。ではその食材がどこでどのようにして作られ、運ばれてくるのかとなると、すべてを把握できている人は、そう多くないのではないだろうか。

中でも肉は、野菜や穀物、魚と比べても、その過程をつぶさに知ることが非常に難しい。普段いつでもスーパーの冷蔵陳列棚に並んでいる牛、豚、鶏、どれをとっても、細かく切り刻まれて、プラスチック容器に整然と並べられパッキングされ、容器と肉の間に敷かれたシートによって血液すらも見えないようになっている。

消費者が少しでも買いやすく調理しやすいようにという配慮から、このような形になったのかもしれない。でも、おかげで肉が生きて動き回る動物であった痕跡が消え失せ、どんなものなのかまったくわからなくなっている。わからないまま肉を食べていて、いいのだろうか。ふと疑問に思うことはないだろうか。

わな猟師である千松信也さんは、京都の市街地からほど近い山でわな猟を営む。自分と家族など周囲の人が食べられる量を超えた獣は獲らず、獲った猪や鹿は丁寧に解体して食べる。本映画は彼の猟を中心とした暮らしぶりを丹念に紹介している。

くくりわなの中でも彼が使うわなは簡素で、ワイヤーとバネと留め具だけ。脚を捕らえる輪の部分は猪の成獣のそれより一回り大きい程度。山の中を歩き回り、山に分け入りけものみちを辿り、足跡や身体を擦り付けた跡、糞などの痕跡から、ここというポイントに穴を掘る。掘ったことがわからないように、掘り取った土は袋の中に入れる。細い枝の先端を削り、穴に刺し渡し、落ち葉を一つずつ置いて仕掛けを覆い隠す。とても繊細な作業だ。

わなをかけてからも、毎日山を歩いて見回り、周りに置く枝の位置をずらして脚をわなの上に運ばせるように微調整していく。

わなをかけること自体が、山を駆け回って生きる動物たちとの駆け引きでもあり、一種の会話でもある。そうしてわなに掛かったら、木の棒で頭を殴って昏倒させ、ナイフで仕留める。簡単なこと

うちざわ・じゅんこ 1967年神奈川県出身。ノンフィクション、エッセイ、イラスト。近刊に『着せる女』（本の雑誌社）『ストーカーとの七〇〇日戦争』（文藝春秋）など。世界の屠畜現場を取材した『世界屠畜紀行』（角川文庫）や、養豚を自ら体験し書いた『飼い喰い 三匹の豚とわたし』（岩波書店）など、食に関するルポルタージュでも知られている。小豆島で獣害対策のため捕獲されたシカやイノシシの食肉加工、販売も行っている。ヤギの飼育もしていて、その様子はYouTubeで見られる。

ではない。四足歩行動物の要は前脚だ。わなは前脚がかかるように配置するのが常だが、相手は動物である。わなの周辺の状態も天候などで常に変化する。後ろ脚に掛かることもある。すると可動範囲が広くなり、暴れ方も大きくなる。雄猪の牙で太ももの大動脈を切られ、失血死する猟師もいる。危険で命がけの行為となるのだ。

なんとか安全にとどめをさそうと銃猟免許を取得し、猟銃で頭を撃つ猟師もいれば、ワイヤーを輪にして鼻先とわなに掛かっていない方の前脚に入れて括り上げ固定する猟師もいる。電流を流して失神させる方法も盛んにおこなわれている。

じつはくくりわな自体も、初心者でも簡便に扱えるように、金属の踏み抜き板や塩ビの筒などを併用するやり方も普及している。近年猪や鹿が増加し、人里に降りて農作物に被害を及ぼすにしたがって、農地を守るために狩猟免許を取得する人が増え、猟のある種の合理化、簡便化、効率化が求められているためだ。猪や鹿を獲ることは、以前であれば「山の趣味」であったのが、いまや獣害対策として自治体が捕獲奨励金を出すようになった。映画でも紹介されているように、囲いわなや箱わなに監視カメラをつけて遠隔操作できるしくみもすでに使われている。

一応補足しておくと、獣害対策で猟は手段の一つにすぎず、メインの方法ではない。人里に獣を近づけないために電気柵を張り巡らせ、餌となる出荷不能な果実などを放置せず埋設し、隠れ場所となる藪の草刈りをして、その上で山と畑地との境界地点にわなをかけることが推奨されている。猪や鹿の本来の生息圏である山奥で獲ったとしても、畑地に来ようとする抑止力にはならないからだ。

千松さんがくくりわな猟を志し習得したのは、「獣害」が国を挙げての対策になるより以前のことである。近年の猟法の変化をどう思っているのだろうか。昔ながらの猟師と同じく山を丹念に歩いて猪や鹿との会話を繰り返す。近年は暗視カメラを仕掛けて獣の行動ルートを確認する猟師も多いし、軽トラで見回りできるところにだけ仕掛けることも珍しくないのだが、あれこれ工夫するよりも習熟したほうが確実に安全に捕獲できるとばかりに、最低限の道具だけの猟を続けている。

それが千松さんなりの、猪や鹿への仁義なのである。彼らの生命を奪うこと。奪った生命を食べて生きているということをうやむやにしないためにも、自分も死の危険を賭して、彼らと相対して闘って生命を奪う。高度に発達した道具になるべく頼らず、自力に近い形で猛獣と立ち向かいたい。そんな想いが彼のあらゆる行動ににじみ出ている。山の見回りで骨折したときにも、彼はわなで脚を痛めたまま山で生きる猪たちの姿を思い浮かべ、ギプスだけでも十分と断じる。でないと彼らにたいしてフェアではないと考える。

解体した獣肉を食べるという行為は、彼にとってその闘いの果てにある。自分で命を賭して奪った命だからこそ、美味しく無駄なく食べることもごく自然にできる。肉を食べるだけでなく、食肉に向かない部位である胆嚢を干して薬にしたり、骨を三日三晩煮込んでスープをとってラーメンにして飲み干す。その姿はまるで獲った猪を大事に大事に弔っているかのように見えてくるのだ。

狩猟や、動物を食べること自体が残酷であるという見方もある。日本では仏教の影響で開国まで長らく肉食は家畜食も含めて極めて限定的で、被差別の対象であった。開国以降、特に戦後は肉食を西洋文化としてとらえ積極的に取り入れられて来た。

しかしこの三十年ほど、肉食の本家として日本が見習って（？）きた欧米圏では、動物愛護団体などによるヴィーガニズムが盛んになり、環境に配慮し、肉食を断ちヴィーガンを志向する若年層が増えている。日本でも近年ＳＮＳなどの影響か、ヴィーガニズムに興味を持つ若い世代が増えてきた。

肉食を嫌う理由の中には動物を殺すこと自体が残酷であるという考え方、殺し方つまり食肉処理場での扱い方や狩猟方法（どちらも多岐にわたり、法規制などで改善されてきた部分も多い）が残酷であるという考え方、大規模畜産での育て方が問題（これも動物福祉の観点から改善されてきた部分も多い）だったり、畜産がエネルギーを多く消費することを問題視する人、かわいがって育てて飼った末に食べるのは残酷、などなど、ひとくちに残酷といえども多くの理由と考え方が混在している。

何をもって残酷ととらえるのか。血が流れ、皮をはいで肉を取ることが、本当に残酷なのか。そして何を食べなければ、食べれば「良い」のか。

正解は無い。それぞれ疑問を持つ者が調べて考え、自分なりの落としどころを決めていくほかない。映画の中で千松さんが息子さんの成長とともに自発的に猟をやってみたいと意思表示するのを待って山に連れていくことにする様子が、とても印象的だ。

すべての肉食を断つのもひとつの手であるし、放牧など良心的に家畜を飼養したうえで食肉処理場で屠畜された肉だけを食べるという手段もある。鶏を大事に飼って自家屠畜して食べるのもよし。虫食という手段だってある。もちろん、これまで通りなんでも食べると決めるもよし。そして千松さんのように、誰かに任せず自分の力で猪や鹿を獲って肉に捌いて食べるというやり方も、ある。肉を得る手段というよりは生き方そのものになってしまうけれど。

映画を見た方が千松さんの姿から何を感じとってくださるか。とても楽しみである。

評論

私たちの頭は都合よくできている

武田砂鉄

今のところ、命が誕生する瞬間というものに立ち会ったことがないので、ことさらに、その瞬間の素晴らしさを伝えられると、正直、「うんうん、もうわかったよ」と返したくなる。でも、そんなことを言えるはずもないし、そう返そうと試みようとしている自分が間違っているのだろう、との自覚はある。

実は去年まで、人間が死んでいく様子というものにも立ち会ったことがなく、98歳の祖母が細くなっていく命を懸命に繋ぎ、いよいよ途切れてしまった姿を見て、そうか、こうやって死んでいくのかと具体的に知ることとなった。36歳まで、命の誕生も命の喪失も肌身で感じてこなかったというのは、なかなか珍しいことなのかもしれない。火葬場に行き、骨になって出てきた祖母を眺めていると、係の人が慣れた手つきで、骨の破片に混じった金属製のものを取り除く作業を始めたのだが、「それも祖母のものではないのだろうか」なんて考えていたら、あっという間に一連の作業が終わってしまった。

生前、祖母の家に行くと、「やっぱりこういうのが一番よね」なんて言いながら、夜の8時くらいにやっている旅番組を見ることが多かったのだが、旅館ってのはどこに行っても同じような料理を出しているな、と悪態をつきながらもじっくり見ていた。すると、それなりの確率で、名物の踊り食いや、新鮮すぎてまだ頭がピクピク動いている活け造りに興奮する芸能人、という姿を確認することになる。「これって死ぬ直前じゃん」と言うと、「あー確かに。でも美味しそう」と祖母か母が笑っている。「新鮮」とは、「死に立て」でもある。「まだ動いている」とは、「もうすぐ死ぬ」でもある。現代社会に暮らしていると、生々しい「死」を体感することは少ない。目の前に差し出された肉がどれだけ希少なものかを知っている。あるいは教えてもらう。焼肉屋に行くと、通常メニューとは別に、希少部位が入荷したのでオススメと黒板に書いている。ならば頼もう。流石に希少部位だけあって美味しいぜ。でも、こっちの肉も安いけどうまいじゃんか。お腹いっぱいだ、帰ろう。また今度。それだけだ。

命をいただいている事実を私たちは忘れていませんか、というメッセージを持つドキュメンタリーや特集番組を定期的に見かける。その映像を見て、「ホントその通り」と思う。「忘れているよ」と思う。生き物を殺すから、自分たちは、その殺された生き物を食べることができる。殺すためには、誰かが撃ったり刺したりしなければいけない。その場面を久しぶりに見させられた時、私たちの多くは、ものすごい勢いで「尊さ」を頭の中に作り上げる。キャスティングが最初に決まってから動き出すような安っぽい恋愛映画のCMで、試写会に訪れた客が「涙が止まりませんでした」と言ってみるくらいの素早さ。あれくらいのスピードで「尊さ」を作る。自分の体の中から立ち上がってくる「尊さ」には、後ろめたさが含まれている。

本作では、まず、千松の目を捉え、その後で死に絶えていくイノシシの目を捉える。いずれも哀切な目をしている。奪うほうと奪われるほうが同じような目をしている。いや、あの時の千松の目は哀切ではなく、命と向き合っている強気の目だ、と感じる人もいるだろう。どちらが正解、というものでもない。

千松は、すべきことを淡々と繰り返す。直径12センチのワナをしかけ、かかったイノシシの動作を見据えて、木の棒でぶん殴る。とにかく正確にぶん殴る。気絶したイノシシにまたがり、ナイフで刺し、絶命させる。旅番組の鮮度抜群のお刺身のように、すぐには死なない。もうすぐ止まるけれど、まだ動いている心臓に頼りながら血が放出される。ドクドクと流れる赤い血がどうしてだか美しい。土と葉の中に放出される濃い赤。イノシシを逆さに吊るし、解体していく最中にも、肉と血の美しい色が目に入る。命が持つ強い色彩を終始感知する。死んでいく時に、こんなに力強い色を発するものなのだ。

千松はカメラに向かって、そんなに饒舌には語らない。かといって煩悶を見せるわけでもない。自分の体の中にルールが構築されていて、そのルールに従いながら動いていく。千松が刺し、イノシシが死に絶えていくまでの間、千松とイノシシには特別な交わりが生じているように見えるが、その佇まいを明文化するこ

たけだ・さてつ　1982年東京都生まれ。出版社勤務を経て、2014年秋よりフリーライターに。著書に『紋切型社会——言葉で固まる現代を解きほぐす』(朝日出版社、第25回Bunkamuraドゥマゴ文学賞受賞)、『日本の気配』(晶文社)、『わかりやすさの罪』(朝日新聞出版)などがある。現在、TBSラジオ「ACTION」では金曜日のパーソナリティを務めている。

519 **泊** 8画
`丶 冫 氵 氵' 氵′ 泊 泊 泊`

stay
[BẠC] ở lại

← 氵水(みず)＋白 薄い(うすい)：水(みず)が浅い(あさい)ところに船(ふね)をとめておく

と-まる	泊まる(と) to stay / ở lại, trọ lại	▶ ホテルに一晩(ひとばん)泊まる／1泊する to stay overnight at a hotel / ở lại khách sạn 1 đêm ▶ 東京(とうきょう)に泊まる to stay in Tokyo ＊ ở lại Tokyo ▶ 2泊3日(か)の旅行(りょこう) trip of three days and two nights ＊ chuyến du lịch 3 ngày 2 đêm
ハク (-パク)	＿泊(はく) (staying)＿ night(s) / (ở)＿đêm （1泊(ぱく)、2泊(はく)、3泊(ぱく)…）	

520 **泉** 9画
`丿 亻 白 白 白 㿝 身 身 泉`

fountain
[TUYỀN] suối

← 白＋水：岩(いわ) rock / tảng đá の間(あいだ)から水(みず)が出(で)ている形(かたち)

セン	温泉(おんせん) hot spring / suối nước nóng	▶ 温泉に入(はい)る to bath in a hot spring / tắm suối nước nóng ▶ 温泉に行(い)く to visit a hot-spring resort / đi tắm suối nước nóng ▶ 温泉旅館(りょかん) (Japanese-style) hot-spring inn ＊ nhà trọ kiểu Nhật có suối nước nóng

521 **湯** 12画
`丶 冫 氵 氵' 氵ㄇ 沪 沪 沪 浔 湯 湯 湯`

hot water
[THANG] nước nóng

← 氵水(みず)＋昜 太陽(たいよう) the sun / mặt trời がのぼる：水(みず)が太陽(たいよう)で熱(あつ)くなる

ゆ	(お)湯(ゆ) hot water / nước sôi	▶ (お)湯をわかす to boil water / đun nước ▶ (お)湯が出(で)ません。 Hot water doesn't come out. / Nước nóng không chảy ra.

書く練習

泉 泉

泊 泊

湯 湯

読みながら書きましょう

泊まる(と)　泊まる

1泊(ぱく)　1泊

温泉(おんせん)　温泉

お湯(ゆ)　お湯

読む問題

❶ この(1)辺りに(2)温泉はありますか。　(1)＿＿＿ (2)＿＿＿

❷ いつかゆっくり東京(とうきょう)を(3)観光してみたいな。　(3)＿＿＿

❸ カップラーメンを食(た)べるためにお(4)湯を沸(わ)かした。　(4)＿＿＿

❹ 5(5)泊6日(か)で旅行(りょこう)に行(い)ってきます。　(5)＿＿＿

❺ この(6)辺は(7)自然が多(おお)く残(のこ)っている。　(6)＿＿＿ (7)＿＿＿

❻ 今晩(こんばん)は友達(ともだち)の家(いえ)に(8)泊まります。　(8)＿＿＿

書く問題

❶ 会場(かいじょう)にはたくさんの(1)かんきゃくが集(あつ)まった。　(1)＿＿＿

❷ 今夜(こんや)は(2)おんせん旅館(りょかん)に(3)とまります。　(2)＿＿＿ (3)＿＿＿

❸ この(4)へんにポストはありませんか。　(4)＿＿＿

❹ シャワーのお(5)ゆが(6)ぜんぜん出(で)ません。　(5)＿＿＿ (6)＿＿＿

❺ この(7)あたりでさいふを落(お)としました。　(7)＿＿＿

2 公園

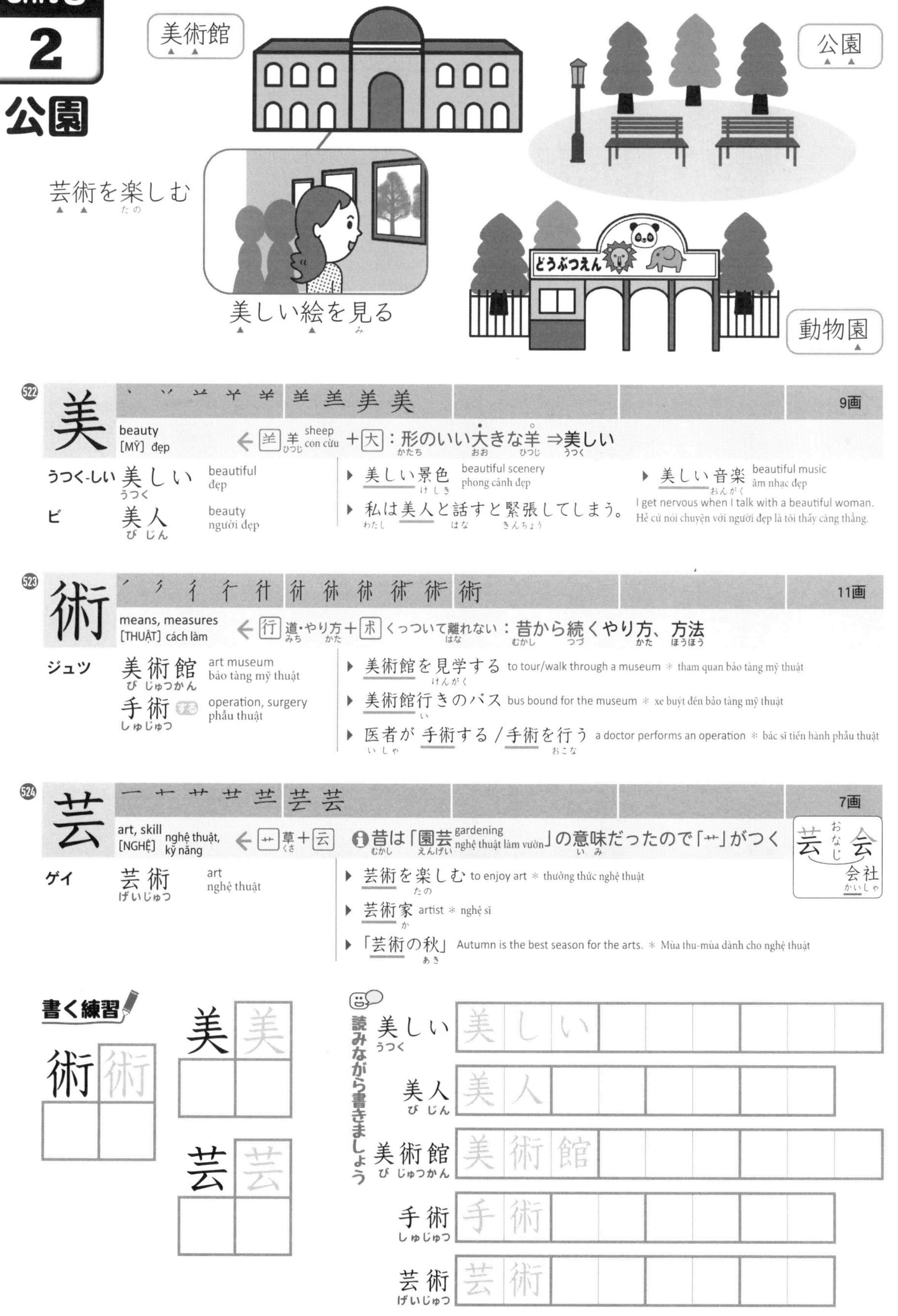

522 美

、 ゛ ⺷ 䒑 ⺷ 羊 兰 美 美 — 9画

beauty [MỸ] đẹp

← 羊 羊(ひつじ) sheep con cừu ＋ 大：形(かたち)のいい大(おお)きな羊(ひつじ) ⇒ 美(うつく)しい

- うつく-しい 美しい(うつくしい) beautiful đẹp
- ビ 美人(びじん) beauty người đẹp

▶ 美しい景色(けしき) beautiful scenery phong cảnh đẹp
▶ 美しい音楽(おんがく) beautiful music âm nhạc đẹp
▶ 私(わたし)は美人と話(はな)すと緊張(きんちょう)してしまう。 I get nervous when I talk with a beautiful woman. Hễ cứ nói chuyện với người đẹp là tôi thấy căng thẳng.

523 術

丿 彳 彳 往 往 徘 徘 徘 術 術 術 — 11画

means, measures [THUẬT] cách làm

← 行 道(みち)・やり方(かた) ＋ 朮 くっついて離(はな)れない：昔(むかし)から続(つづ)くやり方(かた)、方法(ほうほう)

- ジュツ 美術館(びじゅつかん) art museum bảo tàng mỹ thuật
- 手術(しゅじゅつ) する operation, surgery phẫu thuật

▶ 美術館を見学(けんがく)する to tour/walk through a museum ＊ tham quan bảo tàng mỹ thuật
▶ 美術館行(い)きのバス bus bound for the museum ＊ xe buýt đến bảo tàng mỹ thuật
▶ 医者(いしゃ)が手術する／手術を行(おこな)う a doctor performs an operation ＊ bác sĩ tiến hành phẫu thuật

524 芸

一 十 艹 芏 芸 芸 芸 — 7画

art, skill [NGHỆ] nghệ thuật, kỹ năng

← 艹 草(くさ) ＋ 云 ❶ 昔(むかし)は「園芸(えんげい) gardening nghệ thuật làm vườn」の意味(いみ)だったので「艹」がつく

芸 会(おなじ) 会社(かいしゃ)

- ゲイ 芸術(げいじゅつ) art nghệ thuật

▶ 芸術を楽(たの)しむ to enjoy art ＊ thưởng thức nghệ thuật
▶ 芸術家(か) artist ＊ nghệ sĩ
▶ 「芸術の秋(あき)」 Autumn is the best season for the arts. ＊ Mùa thu-mùa dành cho nghệ thuật

書く練習

術 術
美 美
芸 芸

読みながら書きましょう

- 美しい(うつく) 美 し い
- 美人(びじん) 美 人
- 美術館(びじゅつかん) 美 術 館
- 手術(しゅじゅつ) 手 術
- 芸術(げいじゅつ) 芸 術

525 **絵** ㇛ ㇜ 幺 糸 糸 糸 紒 紒 紒 絵 絵 絵 — 12画

picture [HỘI] tranh ← 糸＋会 合わせる：糸を合わせて絵にする

絵 おなじ 会 — 絵画 会社

エ	絵（え）	paint, picture, drawing / bức tranh, hình vẽ	▶ 絵をかく to draw/paint a picture / vẽ tranh　▶ 絵がうまい be good at drawing/painting / vẽ đẹp
カイ	絵画（かいが）	paint, picture, drawing / bức tranh, việc vẽ tranh	▶ 絵画教室（きょうしつ） drawing class ＊ lớp học vẽ

526 **園** 丨 冂 冂 円 冃 冎 周 周 周 周 園 園 園 — 13画

garden, facility [VIÊN] vườn ← 囗 まわりを囲む（かこ）かべ fence hàng rào bao quanh ＋ 袁（土 口 衣）歩いて回る（ある まわ）：「囗」で囲んだ（かこ）場所（ばしょ）

エン	動物園（どうぶつえん）	zoo / sở thú	▶ 子（こ）どもたちを動物園に連（つ）れていく to take children to the zoo / đưa bọn trẻ đi sở thú
	植物園（しょくぶつえん）	botanical garden / vườn thực vật	▶ サルが動物園から逃（に）げた。A monkey escaped from the zoo. Con khỉ đã trốn khỏi sở thú.
			▶ 植物園には多様（たよう）な植物（しょくぶつ）が集（あつ）められている。A wide variety of plants are collected in the botanical gardens. Vườn thực vật tập hợp rất nhiều loại cây khác nhau.

園 おなじ 遠 — 遠い（とお）

527 **公** ノ 八 公 公 — 4画

public [CÔNG] chung ← 八＋厶

コウ	公園（こうえん）	park / công viên	▶ 公園に散歩（さんぽ）に行（い）く to go play in the park ＊ đi dạo ở công viên
			▶ 毎朝（まいあさ）公園を走（はし）る to jog in the park every morning ＊ chạy ở công viên mỗi sáng

Unit 8 観光

書く練習

園　絵　公

読みながら書きましょう

絵（え）
絵画（かいが）
動物園（どうぶつえん）
公園（こうえん）

読む問題

❶ (1)美術館で(2)絵画を見（み）る。　(1)＿＿＿＿　(2)＿＿＿＿

❷ (3)公園に(4)美しい花（はな）が咲（さ）いていた。　(3)＿＿＿＿　(4)＿＿＿＿

❸ この(5)絵はこの町（まち）の(6)芸術家がかいたものです。　(5)＿＿＿＿　(6)＿＿＿＿

❹ (7)植物園で、めずらしい花（はな）を見（み）ました。　(7)＿＿＿＿

❺ 父（ちち）の(8)手術はうまくいきました。　(8)＿＿＿＿

書く問題

❶ 店（みせ）には(1)うつくしい(2)かいががかざってある。　(1)＿＿＿＿　(2)＿＿＿＿

❷ (3)びじゅつかんは(4)こうえんの中（なか）にあります。　(3)＿＿＿＿　(4)＿＿＿＿

❸「(5)げいじゅつの秋（あき）」なので(6)えをかいてみましょう。　(5)＿＿＿＿　(6)＿＿＿＿

❹ 週末（しゅうまつ）、いっしょに(7)どうぶつえんに行（い）きましょう。　(7)＿＿＿＿

3 遊園地

この割引券は、動物園と遊園地、共通で使えます。

料金表

		個人	団体（10名以上）
子ども（12歳まで）		300円	250円
大人	学生	900円	800円
	一般	1,200円	1,000円

528 遊 12画

丶 亠 方 方 方 方 方 斿 斿 斿 游 遊

idle [DU] chơi

← ⻌進む＋方＋𠂉ぼうしの形＋子：ぼうしをかぶった子どもがいろいろな方向に進んで遊ぶ

- あそ-ぶ　遊ぶ　to play / chơi
- あそ-び　遊び　play, pastime / sự giải trí
- ユウ　遊園地　amusement park / khu vui chơi

- ▶ 公園に遊びに行く　to go to play in the park ＊ đi chơi công viên
- ▶ 遊び時間　playtime ＊ trò chơi, giải trí
- ▶ 遊園地で一日中遊んだ。　We had fun at the amusement park all day long. Tôi đã chơi suốt ngày ở khu vui chơi.

529 券 8画

丶 丷 ㇔ 丷 ⺷ 关 券 券

ticket [KHOÁN] vé, phiếu

← 龹＋刀 刀 sword gươm：昔、刀で傷をつけた小さい木をきっぷにした

- ケン　券　ticket / vé

- ▶ 入場券を3枚ください。　Three tickets, please. ＊ Cho tôi 3 vé vào cửa.
- ▶ 乗り物券　ride ticket / vé các trò chơi leo, cưỡi... (ở công viên, khu vui chơi)
- ▶ 割引券　discount ticket / vé/phiếu giảm giá
- ▶ 乗車券　(train/bus) ticket ＊ vé lên tàu/xe
- ▶ 特急券　limited express ticket / vé tốc hành

N4 乗　ジョウ：乗車 する　getting/riding on (a train/bus/taxi) / lên tàu/xe　かくにん 乗る、乗り物

530 共 6画

一 十 廾 廾 共 共

together, with ... [CỘNG] cùng nhau, chung

← 廿大きな物＋八 2つの手の形：大きな物をいっしょに上げる

- キョウ　共通(の) する　common, mutual / thông thường, điểm chung
- 共同(の)　cooperation, collaboration / chung, cùng nhau

- ▶ 2つの文章に共通する内容　common contents between the two sentences / nội dung trùng nhau giữa 2 đoạn văn
- ▶ 私たちには共通点がたくさんある。　We have a lot in common. Chúng tôi có nhiều điểm chung.
- ▶ 共通の友達　mutual friend / bạn chung
- ▶ 共同経営　joint management / kinh doanh chung
- ▶ 友達と共同で家を借りる　to jointly rent a house with a friend / thuê nhà ở cùng với bạn

N4 同　ドウ：同時に＝同じ時に　かくにん 同じ

書く練習

遊　券　共

読みながら書きましょう

遊ぶ　遊園地　券　共通　共同

531 **般** ノ 丿 凢 月 舟 舟 舟 舡 般 般 10画

general [BAN] chung, thường ← 舟 船 boat thuyền ＋ 殳 動かす：船を動かしてだいたい全部をまわる

ハン (-パン)

一般（いっぱん） the (general) public thông thường

一般に（いっぱんに） in general, generally thông thường, nhìn chung

▶ 料金は一般400円、会員200円です。 Fee is 400-yen for non-members, 200-yen for members. Lệ phí thông thường là 400 yên, riêng hội viên là 200 yên.

▶ 一般市民 the general public người dân bình thường ▶ 一般家庭 general household gia đình bình thường

▶ 一般に、子どもはお菓子が好きだ。 In general, children are fond of sweets. Nhìn chung, bọn trẻ con đều thích kẹo.

532 **個** ノ イ 亻 亻 们 們 個 個 個 個 10画

individual [CÁ] riêng lẻ ← イ 人 ＋ 固 かたい：しっかりした一人の人、一つの物

コ

個人（こじん） individual cá nhân

—個（こ） 〔物を数えるときに使う〕

▶ 私個人の意見 my personal opinion ＊ ý kiến của riêng cá nhân tôi

▶ 個人授業 private lesson ＊ giờ học riêng (1 thầy 1 trò)

▶ （りんご/あめ/荷物などが） 1個、2個、3個…

個 おなじ 固 — 個人（こじん） 固体（こたい）

533 **団** 丨 冂 冃 团 団 団 6画

round, group [ĐOÀN] nhóm ← 囗 まわりを囲むかべ fence hàng rào bao quanh ＋ 寸 手に持つ：何かを囲んでできたグループ

ダン

団体（だんたい） group nhóm, đoàn

集団（しゅうだん） group, mass nhóm, tập đoàn

▶ 団体旅行 group tour ＊ du lịch theo đoàn ▶ 団体行動 group activity hoạt động theo đoàn

▶ 集団で行動する to act as a group ＊ hành động theo nhóm

書く練習

個 般 団

読みながら書きましょう

一般（いっぱん） 個人（こじん） 団体（だんたい） 集団（しゅうだん）

読む問題

❶ リンさんは、私と夫の(1)共通の友人です。 (1)____

❷ 特急に乗るには(2)乗車券と特急券が必要です。 (2)____

❸ 会話が苦手なので(3)個人授業を受けることにした。 (3)____

❹ この大学の図書館は(4)一般市民も使える。 (4)____

❺ 公園で中学生が(5)集団で(6)遊んでいる。 (5)____ (6)____

❻ 友達と(7)共同でアパートを借りることにした。 (7)____

書く問題

❶ 入場料は、会員は100円、(1)いっぱんは200円です。 (1)____

❷ (2)だんたい旅行より(3)こじん旅行のほうが好きです。 (2)____ (3)____

❸ (4)ゆうえんちの割引(5)けんをもらった。 (4)____ (5)____

❹ この2つの文章に(6)きょうつうする内容は何ですか。 (6)____

湖

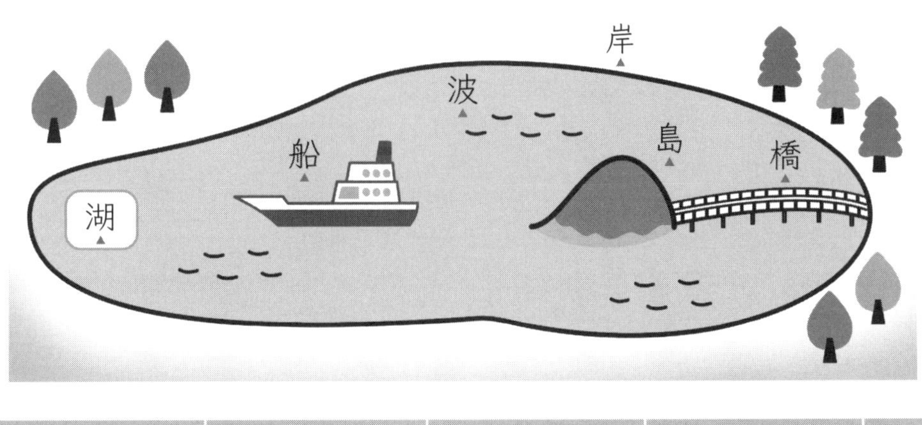

534 **岸** ｀ 山 山 屵 岸 岸 岸 岸 8画

shore [NGẠN] bờ ← 山＋厂がけ cliff vách đá ＋干 干す⇒水がない：山やがけの下、海や川のまわりの水がない場所

きし	岸(きし)	bank, shore bờ	▶ 泳いで岸に着く to swim to shore ＊ bơi vào bờ ▶ 川の反対側の岸 the other side of a river ＊ bờ bên kia sông
ガン	海岸(かいがん)	coast bờ biển	▶ 海岸を散歩する to walk along the beach / đi dạo trên bờ biển

535 **湖** ｀ ｀ 氵 氵 汁 汁 沽 沽 泀 湖 湖 湖 12画

lake [HỒ] hồ ← 氵水＋胡（古 月）大きい：大きな水 ⇒ 湖(みずうみ)

湖(おなじ)古 / びわ湖(こ) 固体(こたい)

みずうみ	湖(みずうみ)	lake hồ	▶ びわ湖は日本で最も大きい湖だ。 Lake Biwa is the largest in Japan. Hồ Biwa là hồ lớn nhất Nhật Bản.
コ	＿＿湖(こ)	Lake ＿ hồ ＿	▶ 「白鳥の湖」 Swan Lake tác phẩm "Hồ Thiên Nga"　▶ ビクトリア湖 Lake Victoria ＊ Hồ Victoria

536 **波** ｀ ｀ 氵 氵 汇 沪 波 波 8画

wave [BA] sóng ← 氵水＋皮：皮(かわ) skin da のように平らでない水

なみ	波(なみ)	wave sóng	▶ 今日は波が高い。 The waves are high today. Hôm nay sóng cao.　▶ 波に乗る to catch/ride a wave ＊ lướt sóng
ハ (-パ)	電波(でんぱ)	radio wave sóng điện	▶ 電波が悪い／弱い to get weak signal ＊ sóng kém/yếu

書く練習

岸 岸

湖 湖

波 波

読みながら書きましょう

岸(きし) 岸

湖(みずうみ) 湖

海岸(かいがん) 海岸

びわ湖(こ) びわ湖

波(なみ) 波

電波(でんぱ) 電波

537 **島** ′ ｒ 冂 户 户 阜 鳥 鳥 島 島 10画

island [ĐẢO] hòn đảo ← 山＋鳥 鳥：海や湖で鳥が休む山

しま	島（しま）	island / hòn đảo	▶ 南の島に行きたい。 I want to go to the southern islands. ＊ Tôi muốn đi đảo ở phương nam.
トウ	＿＿島（とう）	__ Island / đảo __	▶ 湖にある島 island in a lake ＊ hòn đảo ở hồ
			▶ バリ島 Bali (island) ＊ đảo Bali

538 **船** ′ 丿 力 力 舟 舟 舟 舟 舡 船 船 11画

ship [THUYỀN] con thuyền ← 舟 船 boat thuyền ＋ 八 水が流れる形 ＋ 口 穴 hole lỗ の形

ふね	船（ふね）	ship, boat / con thuyền	▶ 船に乗る／乗船する to get on/board a ship / đi thuyền, lên thuyền
セン	船長（せんちょう）	captain / thuyền trưởng	▶ 船で大島に行く to go to Oshima by boat ＊ đi ra đảo bằng thuyền
	乗船（じょうせん） する	boarding a ship / đi thuyền, lên thuyền	

539 **橋** 一 十 才 木 术 朩 杧 杯 杯 柸 桥 桥 楀 橋 橋 橋 16画 おなじ 橋／高

bridge [KIỀU] cầu ← 木 木＋喬 高い：高いところに作られた橋

はし	橋（はし）	bridge / cây cầu	▶ 橋を渡る to cross a bridge ＊ bắng qua cầu
			▶ 川に橋がかかっている。 There is a bridge across the river. Cây cầu bắc ngang qua sông.

書く練習

船 船
島 島
橋 橋

読みながら書きましょう

島（しま） 島
バリ島（とう） バリ島
船（ふね） 船
橋（はし） 橋
乗船（じょうせん） 乗船

読む問題

❶ (1)船で北海道に行きます。 (1)＿＿
❷ (2)橋を渡って向こう側の(3)岸に行きましょう。 (2)＿＿ (3)＿＿
❸ (4)波が高いので、(5)海岸に近づかないでください。 (4)＿＿ (5)＿＿
❹ 世界で最も深い(6)湖はバイカル(7)湖です。 (6)＿＿ (7)＿＿
❺ 世界で2番目に大きな(8)島はニューギニア(9)島です。 (8)＿＿ (9)＿＿
❻ この辺りは(10)電波が悪くてネットにつながりません。 (10)＿＿

書く問題

❶ (1)かいがんから(2)しまに(3)はしがかかっています。 (1)＿＿ (2)＿＿ (3)＿＿
❷ 一般に、(4)みずうみは海より(5)なみが静かです。 (4)＿＿ (5)＿＿
❸ (6)ふねが(7)きしに着いた。 (6)＿＿ (7)＿＿

5 神社

寺 岩 馬 昔からやっているお祭り 神社

540 **神** ` ラ ネ ネ ネ 礻ロ 礻日 礻日 神 — 9画

god [THẦN] thần thánh ← 礻 神様 + 申 かみなりの光 lightning sét, tia chớp の形：神様や神様のもつ力

かみ	神様（かみさま）	god thần thánh	▶ 神様にお願い（ねが）する to pray God (for...) ＊ cầu xin thần thánh
	神（かみ）	god thần thánh	▶ 神を信（しん）じる to believe in God tin vào thần thánh ▶ 神に平和（へいわ）を願（ねが）う to pray to God for peace cầu thần linh cho hòa bình
ジン	神社（じんじゃ）	(Shinto) shrine đến thờ	▶ 神社で家族（かぞく）の健康（けんこう）を祈（いの）る to pray for family's good health at the shrine cầu sức khoẻ cho gia đình ở đến thờ

541 **寺** 一 + 土 圭 寺 寺 — 6画

temple [TỰ] chùa ← 土 = 止：同（おな）じ場所（ばしょ）にいる + 寸 手（て）に持（も）つ：人（ひと）がそこにいて、働（はたら）く場所（ばしょ）

てら	(お)寺（てら）	(Buddhist) temple chùa	▶ (お)寺にお参（まい）りする to visit a temple ＊ đi lễ chùa
ジ	寺院（じいん）	temple, mosque, abbey chùa, tu viện	▶ いろいろな(お)寺を見（み）て回（まわ）る to make a tour of various temples đi một vòng tham quan nhiều chùa khác nhau
	＿＿寺（じ）	＿Temple chùa ＿	▶ ウェストミンスター寺院 Westminster Abbey ＊ tu viện Westminster
			▶ 東大寺（とうだいじ） Todaiji Temple chùa Todai, chùa Đông Đại ▶ 金閣寺（きんかくじ） Kinkakuji Temple, the Temple of the Golden Pavilion chùa Kinkaku, chùa Vàng

542 **祭** ノ ク タ タ タ' 夕又 夕又 夂又 奴 祭 祭 — 11画

worship, enshrine [TẾ] lễ ← 夕 肉（にく） + 又 手（て）の形（かたち） + 示 神様（かみさま）：神様（かみさま）のために肉（にく）を用意（ようい）する

まつ-り	(お)祭（まつ）り	festival lễ hội	▶ 神社（じんじゃ）の(お)祭り shrine festival ＊ lễ hội ở đến thờ
サイ	＿＿祭（さい）	＿festival lễ hội ＿	▶ 夏（なつ）祭りに行（い）く to go to the summer festival ＊ đi lễ hội mùa hè
			▶ 高校（こうこう）の体育（たいいく）祭 high school PE festival hội thao của trường cấp 3 ▶ 文化（ぶんか）祭 cultural festival ＊ lễ hội văn hóa

書く練習

神 神
寺 寺
祭 祭

読みながら書きましょう

神様（かみさま） 神 様
神社（じんじゃ） 神 社
お寺（てら） お 寺
寺院（じいん） 寺 院
お祭（まつ）り お 祭 り
体育祭（たいいくさい） 体 育 祭

543 **昔** 一 十 艹 卄 廾 昔 昔 昔 8画

old times
[TÍCH] ngày xưa
← 廾いくつか重ねる＋日：日を何日も重ねる

むかし 昔(むかし) the past/old days ngày xưa
▶ 昔から続いている time-honored / có từ xưa, xảy ra trong một thời gian dài
▶ 昔、日本では in the past/long ago, in Japan / Ngày xưa, ở nhật Bản…

544 **岩** 丨 山 山 屵 岸 岩 岩 岩 8画

rock
[NHAM] tảng đá
← 山＋石：山のように大きな石

いわ 岩(いわ) rock tảng đá
▶ 岩のようにかたい as hard as a rock / cứng như một tảng đá
▶ 岩だらけの海岸 rugged coast / bờ biển đầy tảng đá

ガン 岩石(がんせき) rock, stone / nham thạch, tảng đá ＝岩や石
▶ 月の岩石 moon rocks ＊ đá trên Mặt Trăng

545 **馬** 丨 厂 厂 严 闩 馬 馬 馬 馬 馬 10画

horse
[MÃ] ngựa
← 馬の形

うま 馬(うま) horse con ngựa
▶ 馬に乗る to ride a horse ＊ cưỡi ngựa
▶ 馬から降りる to dismount a horse / xuống ngựa

バ 乗馬(じょうば) (horse) riding việc cưỡi ngựa
▶ 乗馬を習う to learn horse riding ＊ học cưỡi ngựa

書く練習

岩 岩
昔 昔
馬 馬

読みながら書きましょう

昔(むかし) 昔
岩(いわ) 岩
馬(うま) 馬
岩石(がんせき) 岩石
乗馬(じょうば) 乗馬

読む問題

❶ (1)昔は私の家でも(2)馬を飼っていました。 (1)____ (2)____

❷ 今日は近くの(3)神社でお(4)祭りがあります。 (3)____ (4)____

❸ 京都では金閣(5)寺など、いろいろなお(6)寺を見て回りました。 (5)____ (6)____

❹ 大きな(7)岩がじゃまで通れない。 (7)____

❺ 中学校の体育(8)祭でダンスを踊る。 (8)____

❻ 弟は大学で(9)岩石の研究をしている。 (9)____

❼ 私の趣味は(10)乗馬です。 (10)____

❽ 大学に合格できるよう、(11)神様に祈った。 (11)____

書く問題

❶ この町では毎年春にさくら(1)まつりがある。 (1)____

❷ (2)むかし、ここには大きな(3)じいんがあったそうです。 (2)____ (3)____

❸ (4)いわだらけの道を(5)うまに乗って行った。 (4)____ (5)____

❹ (6)じんじゃで(7)かみに世界平和を願った。 (6)____ (7)____

6 読み方の復習

/50

もんだい1 ＿＿のことばはどう読みますか。ひらがなを□に書いてください。 (2点×5)

① この(1)辺りは(2)寺が多い。

② (3)湖の近くのホテルに(4)泊まる。

③ 空港行きバスの(5)乗車券を買う。

(1)	(2)
(3)	(4)
	(5)

もんだい2 ＿＿のことばはどう読みますか。ひらがなを□に書いてください。 (2点×7)

①「入場料は(1)個人ですと1,000円、10名以上の(2)団体ですと、一人800円です。」

②「私(わたし)の町では5月に有名な(3)馬の(4)祭りがあるので、ぜひそのとき(5)遊びに来てください。」

③ (6)絵画が好きなので、将来(しょうらい)、(7)美術館で働きたい。

(1)	(2)	(3)	(4)
(5)	(6)	(7)	

もんだい3 ＿＿のことばはどう読みますか。ひらがなを□に書いてください。 (2点×13)

東京から1時間くらいで行ける小さな(1)島「江(え)ノ島」は、200年以上(2)昔から(3)観光地として人気があります。(4)自然の中でゆっくり過ごせるほか、(5)神社、(6)公園、日帰り(7)温泉もあり、おいしい食べ物や、おしゃれなお店もたくさんあるので、大人も子どもも一日中楽しむことができます。(8)波が静(しず)かな日には、(9)岩があるところでカニ※や貝(かい)※などの海の生き物も見られます。江(え)ノ島へ行くには、(10)一般に(11)海岸から(12)橋を渡(わた)りますが、(13)船で行くこともできます。ぜひ一度行ってみてください。

※カニ crab ＊ con cua　※貝(かい) shellfish ＊ con ngao, sò

(1)	(2)	(3)	(4)
(5)	(6)	(7)	(8)
(9)	(10)	(11)	(12)
(13)			

7 書き方の復習

/50

もんだい1 ＿＿は漢字とひらがなでどう書きますか。正しいほうをa・bから選んでください。（2点×5）

① この(1)あたり｛a. 辺り　b. 込り｝は(2)てら｛a. 幸　b. 寺｝が多い。

② (3)みずうみ｛a. 湖　b. 潮｝の近くのホテルに(4)とまる｛a. 宿まる　b. 泊まる｝。

③ 空港行きバスの(5)じょうしゃけん｛a. 乗車券　b. 乗車巻｝を買う。

もんだい2 ＿＿は漢字とひらがなでどう書きますか。□に書いてください。（2点×7）

① 「入場料は(1)こじんですと1,000円、10名以上の(2)だんたいですと、一人800円です。」

② 「私の町では5月に有名な(3)うまの(4)まつりがあるので、ぜひそのとき(5)あそびに来てください。」

③ (6)かいがが好きなので、将来、(7)びじゅつかんで働きたい。

(1)	(2)	(3)	(4)
(5)	(6)	(7)	

もんだい3 ＿＿は漢字とひらがなでどう書きますか。□に書いてください。（2点×13）

東京から1時間くらいで行ける小さな(1)しま「江ノしま」は、200年以上(2)むかしから(3)かんこうちとして人気があります。(4)しぜんの中でゆっくり過ごせるほか、(5)じんじゃ、(6)こうえん、日帰り(7)おんせんもあり、おいしい食べ物や、おしゃれなお店もたくさんあるので、大人も子どもも一日中楽しむことができます。(8)なみが静かな日には、(9)いわがあるところでカニや貝などの海の生き物も見られます。江ノしまへ行くには、(10)いっぱんに(11)かいがんから(12)はしを渡りますが、(13)ふねで行くこともできます。ぜひ一度行ってみてください。

(1)	(2)	(3)	(4)
(5)	(6)	(7)	(8)
(9)	(10)	(11)	(12)
(13)			

日本語能力試験　言語知識（文字・語彙）形式

まとめテスト　第3回

/100

問題1　＿＿のことばの読み方として最もよいものを、1・2・3・4から一つえらびなさい。　（3点×12）

[1] 最近は、家の中で<u>遊ぶ</u>子どもが多い。

1　まなぶ　2　さけぶ　3　あそぶ　4　ころぶ

[2] ホテルの窓から<u>湖</u>がよく見える。

1　みなと　2　みずうみ　3　なみ　4　はし

[3] 教会で<u>美しい</u>音楽を聞いた。

1　なつかしい　2　うつくしい　3　さびしい　4　かなしい

[4] この町は昔から<u>商業</u>の町として知られている。

1　さんぎょう　2　こうぎょう　3　ざんぎょう　4　しょうぎょう

[5] インフルエンザが<u>流行</u>している。

1　りゅうこう　2　りゅうぎょう　3　るうこう　4　るうぎょう

[6] カレーライスは日本の<u>一般</u>家庭でよく食べられています。

1　いちばん　2　いちべん　3　いっぱん　4　いっぺん

[7] カーテンを<u>替えた</u>ら、部屋（へや）が明るくなった。

1　ふえた　2　かえた　3　うえた　4　もえた

[8] 先生は今日お<u>留守</u>ですよ。

1　りゅうしゅ　2　りゅうす　3　るしゅ　4　るす

[9] 草がたくさん<u>生えて</u>きた。

1　うえて　2　せいえて　3　いきえて　4　はえて

[10] 全国<u>各地</u>からおいしいものを集めました。

1　かくち　2　かくじ　3　かっち　4　かっじ

[11] 友達からの手紙が<u>汚れて</u>しまった。

1　ぬれて　2　こわれて　3　よごれて　4　やぶれて

[12] 店で見た商品は<u>広告</u>で見たのと違った。

1　こうこく　2　ひろこく　3　こうごく　4　ひろごく

問題 2　＿＿のことばを漢字で書くとき、最もよいものを、1・2・3・4から一つえらびなさい。(3点×10)

1　何かがっきの演奏(えんそう)はできますか。

1　楽機　　2　学機　　3　楽器　　4　学器

2　この製品の主なげんりょうは石油です。

1　原料　　2　原量　　3　限料　　4　限量

3　砂(すな)に書いた文字をけした。

1　消した　　2　流した　　3　押した　　4　残した

4　小林(こばやし)さんは病院に行くので今日の授業はけっせきするそうです。

1　外席　　2　欠席　　3　休席　　4　空席

5　私はこの国についてもっとふかく知りたいです。

1　厚く　　2　重く　　3　浅く　　4　深く

6　せいかいは次のページにあります。

1　成解　　2　成答　　3　正解　　4　正答

7　冬になったら、いっしょにおんせんに行きましょう。

1　湯泉　　2　温泉　　3　湯池　　4　温池

8　弟は最近学校のせいせきが落ちたので元気がない。

1　成積　　2　正積　　3　成績　　4　正績

9　みんなで決めたルールをきちんとまもってください。

1　従って　　2　払って　　3　守って　　4　取って

10　毎日たんごを10個ずつ覚えます。

1　単語　　2　団語　　3　短語　　4　敬語

問題 3　（　　）に入れるのに最もよいものを、1・2・3・4から一つえらびなさい。(4点×6)

1　走って（　　　）をかいたので、服を着がえた。

1　血　　2　汗　　3　汚れ　　4　涙

2　部屋(へや)を借りるときは、南（　　　）の部屋(へや)を選(えら)んだほうがいいですよ。

1　階　　2　建て　　3　局　　4　向き

[3] この国は、泳げる人の（　　　　）が10%で、高くない。

1　価値　　2　数学　　3　割合　　4　計算

[4] アルバイトには交通費が（　　　　）されます。

1　給料　　2　貯金　　3　支給　　4　収入

[5] 母はお菓子をハンカチで（　　　　）女の子にあげた。

1　包んで　　2　届けて　　3　無くして　　4　組んで

[6] 洗濯物を外に（　　　　）。

1　伸ばした　　2　植えた　　3　泊めた　　4　干した

問題4　（　）に意味が最も近いものを、1・2・3・4から一つえらびなさい。　（2点×3）

[1] この方法ではうまくいかないので、何か別の手段を考えよう。

1　やりかた　　2　イベント　　3　種類　　4　アドバイス

[2] アンケート用紙は明日回収します。

1　配ります　　2　送ります　　3　集めます　　4　出します

[3] これらの問題にはいくつかの共通点がある。

1　違うところ　　2　同じところ　　3　いいところ　　4　だめなところ

問題5　つぎのことばの使い方として最もよいものを、1・2・3・4から一つえらびなさい。　（2点×2）

[1] 預ける

1　冷蔵庫に預けておいた料理を電子レンジで温めて食べた。
2　予定より早く着いたので、スーツケースをホテルに預けて食事に出た。
3　遠くに住んでいる友達に、郵便でプレゼントを預けることにした。
4　ユンさんが買ったマンガを預けてもらって読んだ。

[2] 内容

1　晩ご飯のスープの内容は、豆と牛乳です。
2　この店は古くから続いていて、100年以上の内容があります。
3　南の海にはいろいろな内容の魚が数多くいます。
4　この本は難しすぎて、何回読んでも内容がわからない。

日本語能力試験　言語知識（文字・語彙）形式

まとめテスト　第4回

/100

問題1　＿＿のことばの読み方として最もよいものを、１・２・３・４から一つえらびなさい。（3点×12）

1　グラスが割れている。

1　よごれて　　2　ぬれて　　3　たおれて　　4　われて

2　この虫は野菜の根を食べる。

1　は　　2　ね　　3　め　　4　み

3　もっと厚い紙はありませんか。

1　うすい　　2　かるい　　3　あつい　　4　おもい

4　ケーキを作るので、バターを100グラム量ってください。

1　かって　　2　たもって　　3　ねって　　4　はかって

5　試合（しあい）で彼に勝つ実力はまだない。

1　じつりょく　　2　どりょく　　3　じりき　　4　みりょく

6　集めたデータをテーマ別に分類した。

1　ふんるい　　2　ぶんるい　　3　ふんりょう　　4　ぶんりょう

7　それは個人の自由です。

1　こにん　　2　かにん　　3　こじん　　4　かじん

8　旅行に行ったら貯金がなくなりました。

1　ちょきん　　2　げんきん　　3　ぜいきん　　4　りょうきん

9　母は外科の医者です。

1　ほか　　2　がいか　　3　とか　　4　げか

10　ジャムのびんのふたを固くしめておいた。

1　かるく　　2　ゆるく　　3　かたく　　4　きつく

11　大きな荷物が届いた。

1　かもつ　　2　にもつ　　3　かもの　　4　にもの

12　どろぼうは駅の方向に逃げていきました。

1　ほうこう　　2　ほうがく　　3　ほうどう　　4　ほうかく

問題 2　＿＿のことばを漢字で書くとき、最もよいものを、1・2・3・4 から一つえらびなさい。(3点×10)

[1] ジュースの入ったプラスチックようきは、よく洗ってリサイクルに出してください。

1　要器　　2　溶器　　3　用器　　4　容器

[2] このぶんしょうは以前読んだことがあります。

1　分章　　2　分書　　3　文章　　4　文書

[3] 雑誌(ざっし)は机(つくえ)の上にかさねて置(お)いてください。

1　層ねて　　2　並ねて　　3　階ねて　　4　重ねて

[4] 日本へはかんこうのために来ました。

1　観光　　2　歓迎　　3　歓光　　4　観迎

[5] 今より 10 歳わかくなりたい。

1　苦く　　2　美く　　3　若く　　4　青く

[6] ねだんが高くても、長く使えるものを買いたい。

1　価団　　2　価段　　3　値団　　4　値段

[7] だれにでも 1 つはけってんがある。

1　結点　　2　欠点　　3　結天　　4　欠天

[8] このけんがあれば、安く入れます。

1　符　　2　券　　3　札　　4　巻

[9] 私は子どもを田舎(いなか)でそだてたい。

1　育てたい　　2　助てたい　　3　生てたい　　4　教てたい

[10] 解答はふくすう選(えら)んでもよい。

1　福数　　2　復数　　3　副数　　4　複数

問題 3　(　　) に入れるのに最もよいものを、1・2・3・4 から一つえらびなさい。(4点×6)

[1] 家族の問題を (　　　) するには、家族でよく話し合うことが大切だ。

1　解答　　2　正解　　3　解決　　4　正答

[2] 父はドイツ (　　　) の車に乗っている。

1　品　　2　形　　3　製　　4　作

3　この川は（　　　）が速いので泳いではいけません。

1　動き　　2　流れ　　3　深さ　　4　違い

4　（　　　）が下がるのはうれしいが、給料が下がるのは困(こま)る。

1　経済　　2　物価　　3　営業　　4　貯金

5　このエアコンは、他(ほか)の製品よりエネルギーを（　　　）する量が少ないです。

1　消費　　2　実習　　3　共通　　4　回収

6　私の会社では、毎年秋に（　　　）社員がいっしょにバス旅行に行くことになっている。

1　単　　2　全　　3　各　　4　原

問題4　（　）に意味が最も近いものを、1・2・3・4から一つえらびなさい。　（2点×3）

1　注文した料理がまだ来ません。

1　食べたかった　　2　作った　　3　頼(たの)んだ　　4　できあがった

2　早く支度しないと、遅刻(ちこく)しますよ！

1　用意　　2　教育　　3　下宿　　4　出発

3　人々は市長の言うことを疑っていた。

1　知っていた　　2　知らなかった
3　信じていた　　4　信じていなかった

問題5　つぎのことばの使い方として最もよいものを、1・2・3・4から一つえらびなさい。　（2点×2）

1　植える

1　家のまわりが暗いので、門のところに電灯(でんとう)を植えた。
2　部屋(へや)の中がさびしいので、花びんに花を植えて飾(かざ)った。
3　未来の自分に書いた手紙を、小さな箱に入れて庭に植えた。
4　3年前に植えた木は、私の身長より高くなった。

2　落ち着く

1　火事です。落ち着いて行動してください。
2　台風のあと、道にいろいろなものが落ち着いていた。
3　遅れていた電車がやっと駅に落ち着いた。
4　ここに落ち着いていた辞書を知りませんか。

仕事 Job/Work Công việc

1 職業

職業は会社員です。旅行関係の会社に勤めています。来週はパリに出張します。

今日は歯医者に行くので早退します。

---

546 **職** 18画

一 厂 F F E 耳 耳' 耳' 耳' 耳' 耳' 耳' 聀 聀 聀 職 職 職

job [CHỨC] nghề nghiệp

← 耳+音+戈 鳥をつかまえる道具の形：耳で音を聞いて仕事する

ショク	職業（しょくぎょう）	job, occupation, work / nghề nghiệp, công việc	▶「職業は何ですか。」「歯医者です。」"What is your occupation?" "Im a dentist." "Anh làm nghề gì ?" "Tôi là bác sĩ?"

547 **関** 14画

丨 ｢ ｢ ｢ ｢ 門 門 門 門 門 門 閂 閂 関 関

checkpoint, concern [QUAN] chốt kiểm tra, liên quan

← 門+关：門を通る人をチェックする場所

カン	関心（かんしん）	interest / quan tâm, hứng thú	▶ 何に関心がありますか。What are you interested in? ＊ Bạn quan tâm tới điều gì?
	税関（ぜいかん）	the customs / hải quan	▶ 税関を通る to go through the customs đi qua hải quan ▶ 税関で引っかかる to be detained at customs bị hải quan giữ lại

548 **係** 9画

ノ 亻 亻 亻 亻 伾 係 係 係

connect [HỆ] kết nối

← 亻人+系（ノ 糸）つなぐ：人を糸でつなぐ ⇒人がつながる、関係する

かかり	係（かかり）	person in charge / người phụ trách	▶ 係の人に質問する to ask a person in charge ＊ hỏi người phụ trách
ケイ	関係（かんけい）する	relation, relationship / quan hệ, mối quan hệ	▶ 音楽関係の職業につきたい。I want a music-related job. Tôi muốn làm việc trong lĩnhvực liên quan đến âm nhạc. ▶ 日本と外国の関係 the relations between Japan and foreign country quan hệ giữa Nhật Bản với nước ngoài

549 **勤** 12画

一 十 廾 廿 苎 苎 苎 堇 堇 堇 勤 勤

work [CẦN] làm việc

← 堇 100%出す+力：会社などで、力を100%出して働く

つと-める	勤める（つとめる）	to work, to be employed / làm việc	▶ 病院に勤める to work in/at a hospital ＊ làm việc ở bệnh viện
キン	通勤（つうきん）する	＝仕事に通うこと	▶ 電車で通勤する to take the train to work ＊ đi làm bằng tàu điện ▶ 引っ越して通勤が楽になった。Commuting has become easier since I moved. Việc đi làm của tôi trở nên nhàn hơn từ khi chuyển nhà.
	出勤（しゅっきん）する	＝仕事に行くこと	▶ 8時ごろ出勤する to go to work at around eight ＊ đi làm vào lúc khoảng 8h

N4 **楽** ラク：楽（らく）(な) easy, relaxed nhàn, dễ　かくにん 楽しい、楽しむ、音楽、楽器

書く練習

職 関 係 勤

読みながら書きましょう

職業（しょくぎょう）　税関（ぜいかん）　係（かかり）　関係（かんけい）　勤める（つとめる）　通勤（つうきん）

550 **張** ㇇ ㇇ 弓 弓 弓 弫 弫 弫 張 張 張 11画

stretch [TRƯƠNG] căng ra

← 弓＋長：弓(ゆみ) bow cái cung のつる(＝糸(いと))を長(なが)くする ⇒張(は)る

は-る	張(は)る	to stretch căng ra	▶ 糸(いと)を張る to stretch a string căng sợi chỉ ▶ テントを張る to set up a tent dựng lều cắm trại
チョウ	出張(しゅっちょう) する	business trip chủ trương, khẳng định	▶ 海外(かいがい)出張に行(い)く to go to overseas business trip đi công tác nước ngoài
	主張(しゅちょう) する	insistence, claim chủ trương, đề nghị, sự khẳng định	▶ 彼(かれ)の主張では in his argument ＊ theo chủ trương của anh ấy ▶ うそをついていないと主張する to claim one isn't lying ＊ khẳng định không nói dối

おなじ：張 長 — 出張(しゅっちょう) 社長(しゃちょう) — おなじ

551 **退** ㇇ ㇇ ㇇ 㠯 㠯 艮 ⻌艮 退 退 9画

move backward [THOÁI,THỐI] rút lui

← ⻌ 進(すす)む＋艮 夕方(ゆうがた)、日(ひ)が下(さ)がっていく様子(ようす)：後(うし)ろに下(さ)がる

タイ	早退(そうたい) する	leaving work/school early (đi làm/đi học) về sớm	▶ 病院(びょういん)に行(い)くため仕事(しごと)を早退する to leave work early to go to hospital đi làm về sớm để đi bệnh viện ▶ 今日(きょう)(午後(ごご))1時(じ)に早退してもいいでしょうか。 May I leave early today around one P.M.? Hôm nay tôi về sớm, lúc 1h chiều có được không?
	退職(たいしょく) する	retirement, resignation nghỉ việc	▶ A社(しゃ)を退職する to resign/retire from A Corporation ＊ nghỉ việc ở công ty A
	退院(たいいん) する	leaving the hospital ra viện	▶ 父(ちち)は昨日(きのう)退院しました。 My father was discharged/released from the hospital yesterday. Bố tôi đã ra viện hôm qua.

N4 **早** ソウ：早退(そうたい) する　かくにん 早(はや)い

書く練習

張 張　退 退

読みながら書きましょう

張(は)る	張	る					
出張(しゅっちょう)	出	張					
早退(そうたい)	早	退					
退院(たいいん)	退	院					

読む問題

❶ 会社(かいしゃ)の近(ちか)くに引(ひ)っ越(こ)したので(1)通勤が(2)楽になった。 (1)____ (2)____

❷ 将来(しょうらい)、旅行(りょこう)(3)関係の(4)職業につきたい。 (3)____ (4)____

❸ 気分(きぶん)が悪(わる)いので(5)早退してもよろしいでしょうか。 (5)____

❹ 妹(いもうと)は(6)勤めていた会社(かいしゃ)を先月(せんげつ)(7)退職した。 (6)____ (7)____

❺ 明日(あした)から1週間(しゅうかん)、(8)出張でソウルに行(い)きます。 (8)____

書く問題

❶ だいぶ元気(げんき)になったので、もうすぐ(1)たいいんできそうです。 (1)____

❷ ここに氏名(しめい)と(2)しょくぎょうを書(か)いてください。 (2)____

❸ (3)ぜいかんで(4)かかりの人(ひと)にいろいろ質問(しつもん)された。 (3)____ (4)____

❹ 健康(けんこう)のために、毎朝歩(まいあさある)いて(5)しゅっきんしています。 (5)____

❺ 彼(かれ)はうそをついていないと(6)しゅちょうしているが、本当(ほんとう)だろうか。 (6)____

❻ 弟(おとうと)はニュースに全(まった)く(7)かんしんがない。 (7)____

Unit 9 仕事

2 応募

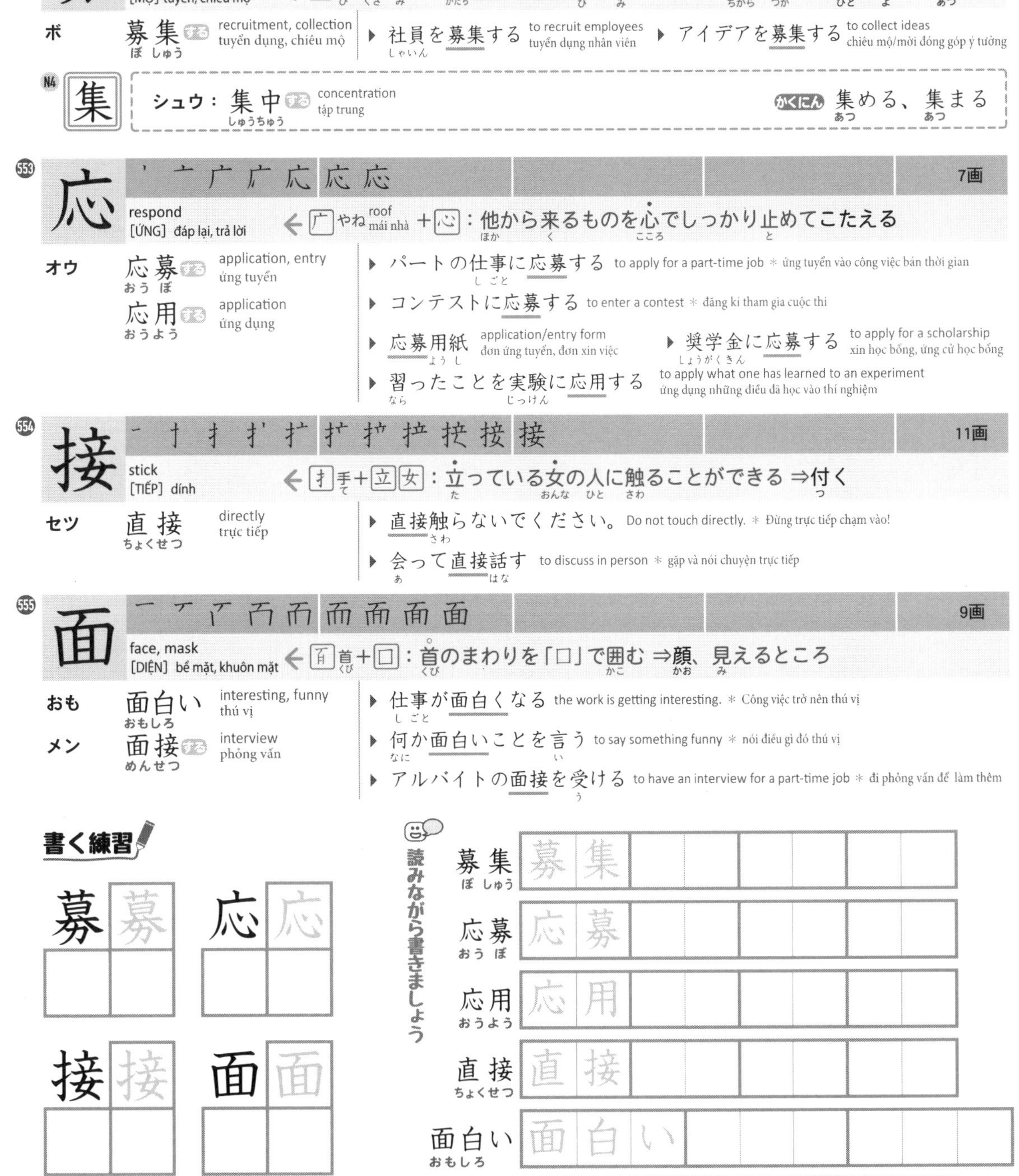

552 募 12画

一 十 廾 艹 苩 苩 苩 荁 莫 莫 募 募

recruit
[MỘ] tuyển, chiêu mộ

← 莫 日が草で見えない形 + 力：日が見えるように力を使う ⇒人を呼んで集める

ボ　募集（する）(ぼしゅう) recruitment, collection / tuyển dụng, chiêu mộ

- 社員(しゃいん)を募集する to recruit employees / tuyển dụng nhân viên
- アイデアを募集する to collect ideas / chiêu mộ/mời đóng góp ý tưởng

N4 集　シュウ：集中（する）(しゅうちゅう) concentration / tập trung　かくにん 集(あつ)める、集(あつ)まる

553 応 7画

丶 亠 广 广 応 応 応

respond
[ỨNG] đáp lại, trả lời

← 广 やね roof / mái nhà + 心：他(ほか)から来(く)るものを心(こころ)でしっかり止(と)めてこたえる

オウ　応募（する）(おうぼ) application, entry / ứng tuyển
応用（する）(おうよう) application / ứng dụng

- パートの仕事(しごと)に応募する to apply for a part-time job ＊ ứng tuyển vào công việc bán thời gian
- コンテストに応募する to enter a contest ＊ đăng kí tham gia cuộc thi
- 応募用紙(ようし) application/entry form / đơn ứng tuyển, đơn xin việc
- 奨学金(しょうがくきん)に応募する to apply for a scholarship / xin học bổng, ứng cử học bổng
- 習(なら)ったことを実験(じっけん)に応用する to apply what one has learned to an experiment / ứng dụng những điều đã học vào thí nghiệm

554 接 11画

一 十 扌 扌 扩 扩 拃 拃 接 接 接

stick
[TIẾP] dính

← 扌手(て) + 立 女：立(た)っている女(おんな)の人(ひと)に触(さわ)ることができる ⇒付(つ)く

セツ　直接(ちょくせつ) directly / trực tiếp

- 直接触(さわ)らないでください。Do not touch directly. ＊ Đừng trực tiếp chạm vào!
- 会(あ)って直接話(はな)す to discuss in person ＊ gặp và nói chuyện trực tiếp

555 面 9画

一 丆 丆 而 而 而 而 面 面

face, mask
[DIỆN] bề mặt, khuôn mặt

← 百 首(くび) + 口：首(くび)のまわりを「口」で囲(かこ)む ⇒顔(かお)、見(み)えるところ

おも　面白い(おもしろ) interesting, funny / thú vị
メン　面接（する）(めんせつ) interview / phỏng vấn

- 仕事(しごと)が面白くなる the work is getting interesting. ＊ Công việc trở nên thú vị
- 何(なに)か面白いことを言(い)う to say something funny ＊ nói điều gì đó thú vị
- アルバイトの面接を受(う)ける to have an interview for a part-time job ＊ đi phỏng vấn để làm thêm

書く練習

募　応　接　面

読みながら書きましょう

募集(ぼしゅう)
応募(おうぼ)
応用(おうよう)
直接(ちょくせつ)
面白い(おもしろ)
面接(めんせつ)

556 **訪** 11画

丶 亠 亠 亠 言 言 言 言' 訁 訪 訪

visit [PHỎNG,PHÓNG] thăm hỏi

← 言+方：いろいろな方向(ほうこう)の家(いえ)に行(い)って言葉(ことば)を聞(き)く

たず-ねる	訪ねる(たず)	to visit / thăm
おとず-れる	訪れる(おとず)	to visit/come / đến, đến thăm
ホウ	訪問(ほうもん) する	visit / thăm

- ▶ 伯父(おじ)を 訪ねる / 訪れる / 訪問する to visit/call on one's uncle ＊ đến thăm chú
- ▶ 寺(てら)を 訪ねる / 訪れる to visit/go to a temple ＊ đi thăm chùa
- ▶ 昨日友人(さくじつゆうじん)が訪ねてきた。 Yesterday a friend came to see me. ＊ Hôm qua bạn tôi đến thăm.
- ▶ チャンスが訪れる the chance is coming/comes / cơ hội đến
- ▶ 会社(かいしゃ)訪問 company visit / thăm công ty

557 **設** 11画

丶 亠 亠 亠 言 言 言 訁 訒 設 設

set [THIẾT] sắp đặt

← 言+殳 道具(どうぐ)でたたく ℹ「言」がついているが意味(いみ)は関係(かんけい)がない

セツ	建設(けんせつ) する	construction / kiến thiết, xây dựng

- ▶ 新(あたら)しい図書館(としょかん)を建設する to build a new library ＊ xây dựng thư viện mới
- ▶ 建設会社(がいしゃ) construction company / công ty xây dựng
- ▶ 建設中(ちゅう)のビル building under construction / toà nhà đang xây

N4 **建** ケン：建設(けんせつ) する　かくにん 2階建(かいだ)ての建物(たてもの)を建(た)てる

書く練習

訪 訪　設 設

読みながら書きましょう

- 訪ねる(たず)
- 訪れる(おとず)
- 訪問(ほうもん)
- 建設(けんせつ)

読む問題

❶ みんなから(1)面白いアイデアを(2)募集する。 (1)____ (2)____

❷ 美(うつく)しい庭(にわ)が見(み)たくてその寺(てら)を(3)訪ねた。 (3)____

❸ 彼(かれ)は研究(けんきゅう)したことを(4)応用して新(あたら)しいシステムを作(つく)った。 (4)____

❹ チャンスが(5)訪れるのをずっと待(ま)っています。 (5)____

❺ 明日(あした)は(6)応募した(7)建設会社(がいしゃ)の(8)面接試験(しけん)があります。

(6)____ (7)____ (8)____

書く問題

❶ この間(あいだ)、久(ひさ)しぶりに大学時代(だいがくじだい)の友達(ともだち)が(1)たずねてきた。 (1)____

❷ 写真(しゃしん)のコンテストに(2)おうぼした。 (2)____

❸ ここにホテルが(3)けんせつされる予定(よてい)です。 (3)____

❹ コンビニでアルバイトを(4)ぼしゅうしている。 (4)____

❺ 会社(かいしゃ)を(5)ほうもんして(6)ちょくせつ話(はなし)を聞(き)いた。 (5)____ (6)____

Unit 9 仕事

3 会議

会議中

具体的な案を！

専門家の意見は？

細かいことはあとで打ち合わせをしましょう。

558 議 20画
discuss [NGHỊ] thảo luận
← 言+義 正しい：正しいことは何か言って、話し合う

ギ
- 会議(する) meeting, conference / cuộc họp, hội nghị
- 会議室 meeting room / phòng họp
- ▶ 会議に出席する to attend a meeting ＊ tham dự hội nghị/cuộc họp
- ▶ 会議を開く to hold a meeting ＊ mở/tổ chức cuộc họp ▶ 会議中 in a meeting ＊ đang họp

559 打 5画
hit [ĐẢ] đánh
← 扌手＋丁くぎ nail cái đinh T：手を使ってくぎを打つ

う-つ
- 打つ to hit / đánh, đập
- 打ち合わせ (staff) meeting / trao đổi, họp bàn
- ▶ ボールを打つ to hit a ball / đánh bóng ▶ 転んで腰を打つ to fall and hurt one's lower back/hip / bị ngã đập lưng
- ▶ 他のメンバーと打ち合わせをする to have a meeting with other members / họp/trao đổi với các thành viên khác

560 専 9画
exclusively [CHUYÊN] riêng về, chuyên về một cái
← 叀 糸を1本の棒に巻いた形 ＋ 寸 手に持つ：何か一つを中心に持つ

セン
- 専門 specialty / chuyên môn
- ▶ 私はヨーロッパの歴史が専門です。 I specialize in European history. Chuyên môn của tôi là lịch sử châu Âu.
- ▶ 専門家 specialist ＊ chuyên gia ▶ 専門店 specialty store / cửa hàng chuyên (về một mặt hàng nào đó)

561 案 10画
idea [ÁN] đề xuất, ý tưởng
← 安＋木：しっかりした木の机に向かって安心して考える

案 案内 / おなじ / 安 安心

アン
- 案 idea, design, plan / phương án, đề xuất, ý tưởng
- 案内(する) guidance, guide / hướng dẫn
- ▶ いい案（＝アイデア）がある。 I have a good idea. ＊ có ý tưởng hay
- ▶ 京都を案内する to show around Kyoto ＊ hướng dẫn tham quan Kyoto
- ▶ お客様を席に案内する to show/lead the guests to their table ＊ hướng dẫn chỗ ngồi cho khách
- ▶ 観光案内所 tourist information center / quầy thông tin hỗ trợ khách du lịch ▶ 案内係 attendant, information clerk, usher / người phụ trách hướng dẫn

書く練習

議 打 専 案

読みながら書きましょう

会議（かいぎ）
会議室（かいぎしつ）
打つ（う）
打ち合わせ（うあ）
専門（せんもん）
案内（あんない）

562 **的** ′ ſ 亻 白 白 的 的 的 8画

mark/target, -like, ... style
[ĐÍCH] mục tiêu, có tính
← 白 はっきりする ＋ 勺 たくさんの中の一つ：目標にするもの

テキ

- 目的（もくてき） purpose, aim, objective / mục đích
- ＿的（てき）(な) ＿like, ＿style / mang tính/có tính —

- ▶ この旅の主な目的 main purpose of this trip / mục đích chính của chuyến đi này
- ▶ 目的地 destination ＊ điểm đến
- ▶ それは一般的には問題にならない。 It is generally not a problem. / Cái đó thường không thành vấn đề.
- ▶ 一般的な方法 common practice ＊ cách làm thông thường
- ▶ 専門的なアドバイスをする to provide specialist/expert advice / đưa ra lời khuyên/tư vấn mang tính chuyên môn
- ▶ このドアは閉めると自動的にかぎがかかる。 This door locks automatically when it's closed/shut. ＊ Cửa này cứ đóng lại thì nó sẽ tự động khóa.

563 **具** | П 月 月 目 旦 具 具 8画

tools, kit, gear
[CỤ] dụng cụ, đồ dùng
← 目 容器に入れた食べ物の形 ＋ 一 八 手の形：神様のために食べ物を用意した形

グ

- 道具（どうぐ） tool, instrument / dụng cụ, đạo cụ
- 家具（かぐ） furniture / đồ gia dụng
- 具合（ぐあい） condition / tình trạng, trạng thái
- 具体的（ぐたいてき）(な) specific, concrete / mang tính cụ thể

- ▶ スポーツに使う道具 sports equipment, sporting goods ＊ dụng cụ thể thao
- ▶ 私の部屋には家具がほとんどない。 There is few furniture in my room. / Phòng của tôi hầu như không có đồ gia dụng.
- ▶ (体の) 具合が悪い to feel sick/unwell ＊ tình trạng (cơ thể) không được khỏe
- ▶ 新しい機械の具合はどうですか。 How about a new machine? / Tình trạng chiếc máy mới thế nào?
- ▶ 具体的な案を出す to offer/provide specific ideas/plan ＊ đưa ra phương án cụ thể

書く練習

的 的　具 具

読みながら書きましょう

目的（もくてき） 目 的
道具（どうぐ） 道 具
家具（かぐ） 家 具
具合（ぐあい） 具 合
具体的（ぐたいてき） 具 体 的

読む問題

❶ テニスラケットは、ボールを(1)打つのに使う(2)道具です。 (1)＿＿ (2)＿＿

❷ 午前中の(3)会議で、林さんがいい(4)案を出してくれた。 (3)＿＿ (4)＿＿

❸ この船の(5)目的地はプサンです。 (5)＿＿

❹ イベントの(6)打ち合わせ中に(7)具合が悪くなった。 (6)＿＿ (7)＿＿

❺ (8)家具の(9)専門店でソファを買った。 (8)＿＿ (9)＿＿

書く問題

❶ (1)うちあわせで(2)ぐたいてきな予定を決める。 (1)＿＿ (2)＿＿

❷ (3)せんもんかに(4)どうぐの選び方を聞いた。 (3)＿＿ (4)＿＿

❸ A社の森さんが来たら(5)かいぎしつに(6)あんないしてください。 (5)＿＿ (6)＿＿

4 技術

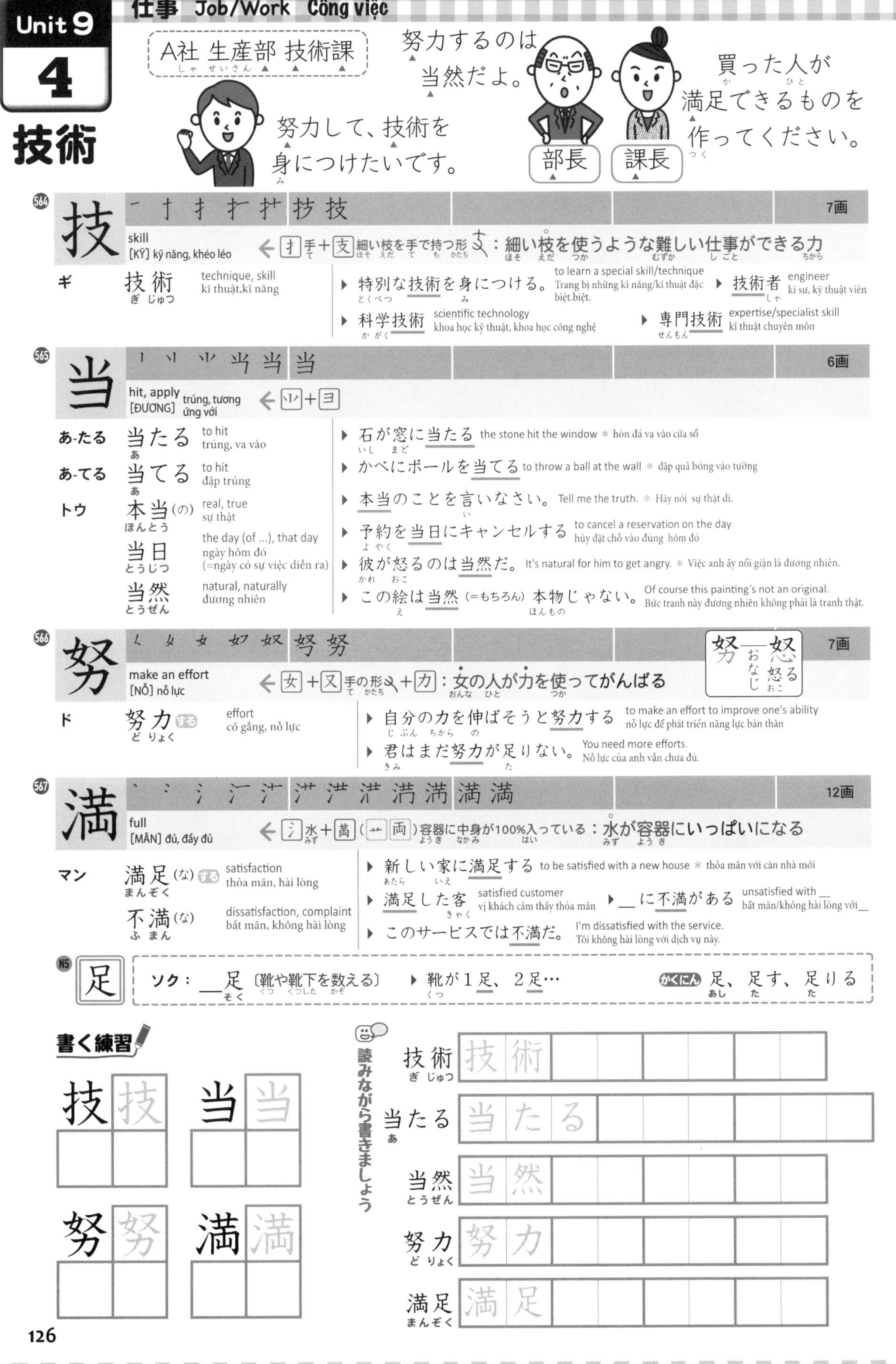

564 技 (7画)

一 十 扌 扌 扩 抟 技

skill / [KỸ] kỹ năng, khéo léo

← 扌手＋支 細い枝を手で持つ形：細い枝を使うような難しい仕事ができる力

ギ
- 技術(ぎじゅつ) technique, skill / kĩ thuật,kĩ năng
  - ▶ 特別な技術を身につける。 to learn a special skill/technique / Trang bị những kĩ năng/kĩ thuật đặc biệt.biệt.
  - ▶ 技術者 engineer / kĩ sư, kỹ thuật viên
  - ▶ 科学技術 scientific technology / khoa học kỹ thuật, khoa học công nghệ
  - ▶ 専門技術 expertise/specialist skill / kĩ thuật chuyên môn

565 当 (6画)

丨 丷 ⺌ 当 当 当

hit, apply / [ĐƯƠNG] trúng, tương ứng với

← ⺌＋ヨ

あ-たる 当たる to hit / trúng, va vào
- ▶ 石が窓に当たる the stone hit the window ＊ hòn đá va vào cửa sổ

あ-てる 当てる to hit / đập trúng
- ▶ かべにボールを当てる to throw a ball at the wall ＊ đập quả bóng vào tường

トウ
- 本当(の)(ほんとう) real, true / sự thật
  - ▶ 本当のことを言いなさい。 Tell me the truth. ＊ Hãy nói sự thật đi.
- 当日(とうじつ) the day (of ...), that day / ngày hôm đó (=ngày có sự việc diễn ra)
  - ▶ 予約を当日にキャンセルする to cancel a reservation on the day / hủy đặt chỗ vào đúng hôm đó
- 当然(とうぜん) natural, naturally / đương nhiên
  - ▶ 彼が怒るのは当然だ。 It's natural for him to get angry. ＊ Việc anh ấy nổi giận là đương nhiên.
  - ▶ この絵は当然(＝もちろん)本物じゃない。 Of course this painting's not an original. / Bức tranh này đương nhiên không phải là tranh thật.

566 努 (7画)

𠃋 女 女 奴 奴 努 努

make an effort / [NỖ] nỗ lực

← 女＋又 手の形＋力：女の人が力を使ってがんばる

努 — 怒(おこる) おなじ

ド
- 努力(どりょく) する effort / cố gắng, nỗ lực
  - ▶ 自分の力を伸ばそうと努力する to make an effort to improve one's ability / nỗ lực để phát triển năng lực bản thân
  - ▶ 君はまだ努力が足りない。 You need more efforts. / Nỗ lực của anh vẫn chưa đủ.

567 満 (12画)

丶 冫 氵 氵 氵 汁 汫 浩 浩 满 満 満

full / [MÃN] đủ, đầy đủ

← 氵水＋𡙹(艹 両)容器に中身が100%入っている：水が容器にいっぱいになる

マン
- 満足(な)(まんぞく) する satisfaction / thỏa mãn, hài lòng
  - ▶ 新しい家に満足する to be satisfied with a new house ＊ thỏa mãn với căn nhà mới
  - ▶ 満足した客 satisfied customer / vị khách cảm thấy thỏa mãn
- 不満(な)(ふまん) dissatisfaction, complaint / bất mãn, không hài lòng
  - ▶ ＿に不満がある unsatisfied with＿ / bất mãn/không hài lòng với＿
  - ▶ このサービスでは不満だ。 I'm dissatisfied with the service. / Tôi không hài lòng với dịch vụ này.

N5 足 ソク：＿足(そく)〔靴や靴下を数える〕 ▶ 靴が1足、2足… かくにん 足(あし)、足(た)す、足(た)りる

書く練習

技 当 努 満

読みながら書きましょう

技術(ぎじゅつ)
当たる(あ)
当然(とうぜん)
努力(どりょく)
満足(まんぞく)

568 **部** ˋ ㅗ 亠 立 立 咅 音 音 音 部 部 11画

part
[BỘ] phần, bộ phận
← 音(立口)二つに分ける＋阝村：村を二つに分けた部分

ブ
- ＿部 ＿ department, ＿ club / phòng ＿, câu lạc bộ ＿
- 部長（ぶちょう） department manager, vice president / trưởng phòng
- 部分（ぶぶん） part, section / bộ phận, phần
- 学部（がくぶ） department, faculty / khoa
- 全部（ぜんぶ） all, the whole / toàn bộ, tất cả

へや
- 部屋（へや） room / căn phòng

- ▶ 営業部（えいぎょうぶ） Sales Department ＊ phòng kinh doanh ▶ 水泳部（すいえいぶ） swiming club ＊ câu lạc bộ bơi lội
- ▶ 営業部の部長／営業部長になる to become a sales manager/director / trở thành trưởng phòng kinh doanh
- ▶ この小説（しょうせつ）の最後（さいご）の部分 the last part of this novel ＊ phần cuối của tiểu thuyết này
- ▶ 野菜（やさい）の葉（は）の部分 vegitable leaves / phần lá của cây rau ▶ 部分的に利用（りよう）できる partially available / có thể sử dụng được một phần
- ▶ 教育（きょういく）学部に合格（ごうかく）する to pass the entrance exam for education department / đỗ vào Khoa Giáo dục
- ▶ 家（いえ）の全部の部屋 all the rooms in a house ＊ tất cả các phòng trong nhà

569 **課** ˋ ㅗ 亠 言 言 言 言 訁 訂 訂 訂 誤 課 課 課 15画

assign, allocate
[KHÓA] phân công, chỉ định
← 言＋果 果物（くだもの）がなった木（き）の形（かたち）

カ
- ＿課 ＿ section/department / phòng/ban ＿
- 課長（かちょう） section chief/manager / trưởng ban, trưởng bộ phận
- 第（だい）＿課 Lesson/Unit ＿ / Bài học số ＿

- ▶ 建設課（けんせつか） Construction Division / Phòng/Ban Xây dựng ▶ 課長に伝（つた）える to report to the section chief / báo cáo lại với trưởng bộ phận
- ▶ 課長に怒（おこ）られる to be reprimanded/scolded by the manager ＊ bị trưởng phòng mắng/cáu
- ▶ 第1課、第2課… Lesson 1, Lesson 2 ... ＊ Bài học số 1, 2 ...

書く練習

部 部
課 課

読みながら書きましょう

部分（ぶぶん）	部	分						
全部（ぜんぶ）	全	部						
部屋（へや）	部	屋						
課長（かちょう）	課	長						

読む問題

❶ これが社会（しゃかい）(1)学部の説明会（せつめいかい）(2)当日の予定（よてい）です。 (1)＿＿ (2)＿＿

❷ 第（だい）3 (3)課の説明（せつめい）の(4)部分を見（み）てください。 (3)＿＿ (4)＿＿

❸ ここに書（か）いたことは(5)全部 (6)本当です。 (5)＿＿ (6)＿＿

❹ 私（わたし）は今（いま）住（す）んでいる(7)部屋に(8)満足しています。 (7)＿＿ (8)＿＿

❺ 私（わたし）の職業（しょくぎょう）は何（なん）だと思（おも）いますか。(9)当ててみてください。 (9)＿＿

❻ 彼（かれ）は(10)努力してその(11)技術を身（み）につけた。 (10)＿＿ (11)＿＿

❼ 営業（えいぎょう）(12)部の人（ひと）からいろいろな(13)不満を聞（き）かされた。 (12)＿＿ (13)＿＿

書く問題

❶ 投（な）げたボールが先生（せんせい）の背中（せなか）に(1)あたって怒（おこ）られた。 (1)＿＿

❷ 優勝（ゆうしょう）して(2)まんぞくだ。これからも(3)どりょくを続（つづ）けよう。 (2)＿＿ (3)＿＿

❸ その(4)ぎじゅつは車（くるま）のエンジンの(5)ぶぶんに使（つか）われている。 (4)＿＿ (5)＿＿

❹ この話（はなし）は(6)とうぜん、(7)かちょうに伝（つた）えるべきだ。 (6)＿＿ (7)＿＿

5 資料

資料を作る

データを整理して役に立つ資料を完成させる。

発表する

代表してご説明いたします。

記録をとる

570 資

、 ン ン ン ン 次 次 咨 咨 資 資 資 資 — 13画

capital [TƯ] vốn, của cải

← 次+貝お金：次のために用意しておくお金

シ

資料（しりょう） material, data, information / tư liệu, tài liệu, dữ liệu

▶ プロジェクトに関係する資料を集める to collect the data/information for the project / thu thập tài liệu liên quan đến dự án

▶ 資料を配る to hand out materials / phát tài liệu

▶ 研究資料 research material/data / tài liệu nghiên cứu

571 整

一 𠂇 戸 戸 申 束 束 束 束 敕 敕 敕 整 整 整 整 — 16画

arrange [CHỈNH] sắp xếp

← 束+攵させる+正：束にして、正しい形にする、かたづける

セイ

整理（せいり）する arrangement, organizing / sắp xếp, chỉnh đốn lại

▶ 資料を整理する to organize data/information/materials ＊ sắp xếp lại tài liệu

▶ 荷物を整理する to organize one's belongings/things / sắp xếp lại hành lý/đồ đạc

▶ 整理券 numbered ticket / vé/phiếu đánh số thứ tự

572 役

ノ ク 彳 彳 彸 役 役 — 7画

job, role [DỊCH] công việc, vai trò

← 彳行く+殳武器 weapon vũ khí でたたく：遠くに行って国を守る仕事

ヤク

役（やく） role/part/post, duty / vai, vai trò

役者（やくしゃ） actor / diễn viên

役所（やくしょ） public/government office / cơ quan hành chính

▶ ロミオ役の役者 actor who plays Romeo ＊ diễn viên đóng vai Romeo

▶ 役に立つ/立たない useful/useless ＊ có ích/không có ích

▶ 市役所に書類を出す to submit a document to city hall ＊ nộp hồ sơ cho ủy ban thành phố

573 完

' ' 宀 宀 宀 宇 完 — 7画

perfect [HOÀN] trọn vẹn, hết, xong

← 宀家+元丸い頭の形：だめなところがなく、しっかり守られている様子

カン

完成（かんせい）する completion / hoàn thành

完全（かんぜん）(な) complete, perfect / hoàn toàn

▶ 家がもうすぐ完成する。The house is nearing completion. ＊ Căn nhà sắp sửa hoàn thành.

▶ 宿題があるのを完全に(＝すっかり)忘れていた。I have completely forgotten about my homework. Tôi quên béng mất là có bài tập về nhà.

▶ ドアを完全に閉める to close the door completely ＊ đóng kín cửa

書く練習

資 整 役 完

読みながら書きましょう

資料（しりょう）

整理（せいり）

役（やく）

役所（やくしょ）

完成（かんせい）

完全（かんぜん）

574 **表** 一 十 キ 主 声 耒 表 表 8画

front, surface
[BIỂU] mặt trước, bề mặt
← 龶毛(け)＋衣服(ふく)：毛皮(けがわ) fur bộ da và lông thú で作(つく)った上着(うわぎ) ⇒外(そと)に見(み)えるところ

おもて	表(おもて)	front, outside / mặt trước, mặt ngoài ↔うら	▶ 封筒(ふうとう)の表 on the front of an envelope / mặt trước phong bì　▶ 表で遊(あそ)ぶ to play outside ＊ chơi ở bên ngoài
あらわ-す	表(あらわ)す	to show/appear/express / thể hiện, biểu hiện	▶ 気持(きも)ちを表に表す to show one's feelings ＊ thể hiện tâm trạng/cảm xúc ra bên ngoài
ヒョウ	表面(ひょうめん)	surface / mặt ngoài, bề ngoài	▶ 表面がでこぼこしている to be rough-surfaced ＊ bề mặt lồi lõm
	代表(だいひょう) する	delegate, representative / đại diện	▶ クラスの代表に選(えら)ばれる to be elected as the class representative / được chọn làm đại diện của lớp
			▶ 日本(にほん)の代表的(てき)な料理(りょうり) typical Japanese dish ＊ món ăn tiêu biểu của (ẩm thực)Nhật Bản
(-ピョウ)	発表(はっぴょう) する	announcement, presentation / phát biểu, công bố	▶ グループを代表して発表する to make an announcement / a presentation on behalf of our group / đại diện cho nhóm trình bày

575 **録** ノ ㇒ 𠆢 𠂉 乍 全 牟 金 釒 鈩 鈩 録 録 録 録 録 16画

write
[LỤC] ghi chép lại
← 金＋ヨ＋氺：昔(むかし)は金属(きんぞく) metal kim loại に文字(もじ)を残(のこ)した

録 おなじ 緑(みどり)

ロク	記録(きろく) する	record, note / kỷ lục, ghi chép lại	▶ 会議(かいぎ)の記録をとる to take notes at the meeting ＊ ghi chép lại cuộc họp
			▶ 毎日(まいにち)の出来事(できごと)を記録する to write down daily events / ghi chép lại những gì xảy ra hằng ngày
			▶ 世界新(せかいしん)記録を出(だ)す to set a new world record ＊ lập kỷ lục thế giới mới

書く練習

表 表
録 録

読みながら書きましょう

表(おもて)
表す(あらわ)
表面(ひょうめん)
発表(はっぴょう)
記録(きろく)

読む問題

❶ 集(あつ)めた(1)資料が仕事(しごと)の(2)役に立(た)った。　(1)＿＿＿　(2)＿＿＿

❷ クラスの(3)代表として(4)発表する。　(3)＿＿＿　(4)＿＿＿

❸ バスが(5)完全に止(と)まるまで、座席(ざせき)に座(すわ)っていてください。　(5)＿＿＿

❹ (6)表で人(ひと)の声(こえ)がします。　(6)＿＿＿

❺ 10年分(ねんぶん)の(7)記録を(8)整理して、
わかりやすいようにグラフで(9)表した。　(7)＿＿＿　(8)＿＿＿　(9)＿＿＿

書く問題

❶ ホテルに着(つ)いたらまず荷物(にもつ)を(1)せいりしなさい。　(1)＿＿＿

❷ 去年(きょねん)からかいていた絵(え)がやっと(2)かんせいした。　(2)＿＿＿

❸ 月(つき)の(3)ひょうめんはでこぼこしている。　(3)＿＿＿

❹ (4)しやくしょに行(い)くのを(5)かんぜんに忘(わす)れていた。　(4)＿＿＿　(5)＿＿＿

❺ 今(いま)までの(6)きろくを調(しら)べて会議(かいぎ)の(7)しりょうを作(つく)る。　(6)＿＿＿　(7)＿＿＿

Unit 9 仕事

6 読み方の復習

/50

もんだい1 ＿＿のことばはどう読みますか。ひらがなを□に書いてください。 (2点×5)

① 明日(あした)の(1)会議の(2)目的は何ですか。

② 仕事がうまくいかないのは(3)努力が足りないからだ。

③ アルバイトに(4)応募して、これから(5)面接を受ける。

(1)	(2)
	(3)
(4)	(5)

もんだい2 ＿＿のことばはどう読みますか。ひらがなを□に書いてください。 (2点×8)

① (1)建設中だった新しい(2)市役所が(3)完成した。

② 「今日の(4)発表で使った(5)資料を(6)整理しておいてください。」

③ 「すみません、(7)具合が悪いので、今日は(8)早退してもいいでしょうか。」
「だいじょうぶですか。わかりました。いいですよ。お大事に。」

(1)	(2)	(3)	(4)
(5)	(6)	(7)	(8)

もんだい3 ＿＿のことばはどう読みますか。ひらがなを□に書いてください。 (2点×12)

夫の(1)職業は会社員で、食品(2)関係の会社に(3)勤めている。(4)営業部の(5)部長だ。小さな会社なので、部長でも一般社員と同じように、商品を売ってくれるスーパーや(6)専門店を(7)訪問する。店の人と(8)打ち合わせをしてお客様に商品をよく知ってもらうための工夫をしたり、お客様が商品に(9)満足しているかどうか、(10)直接話を聞くこともあるそうだ。地方への(11)出張も多い。家から会社まで、(12)通勤に1時間以上かかるため、朝早く家を出て、帰るのが深夜になることも多い。夫はもう若くないので、体が心配だ。

(1)	(2)	(3)	(4)
(5)	(6)	(7)	(8)
(9)	(10)	(11)	(12)

7 書き方の復習

/50

もんだい1 ＿＿は漢字とひらがなでどう書きますか。正しいほうをa・bから選んでください。（2点×5）

① 明日の(1)かいぎ｛a. 会議　b. 会儀｝の(2)もくてき｛a. 目的　b. 目印｝は何ですか。

② 仕事がうまくいかないのは(3)どりょく｛a. 怒力　b. 努力｝が足りないからだ。

③ アルバイトに(4)おうぼ｛a. 応募　b. 応幕｝して、これから(5)めんせつ｛a. 面折　b. 面接｝を受ける。

もんだい2 ＿＿は漢字とひらがなでどう書きますか。□に書いてください。（2点×8）

① (1)けんせつ中だった新しい(2)しやくしょが(3)かんせいした。

②「今日の(4)はっぴょうで使った(5)しりょうを(6)せいりしておいてください。」

③「すみません、(7)ぐあいが悪いので、今日は(8)そうたいしてもいいでしょうか。」
「だいじょうぶですか。わかりました。いいですよ。お大事に。」

(1)	(2)	(3)	(4)
(5)	(6)	(7)	(8)

もんだい3 ＿＿は漢字とひらがなでどう書きますか。□に書いてください。（2点×12）

夫の(1)しょくぎょうは会社員で、食品(2)かんけいの会社に(3)つとめている。(4)えいぎょうぶの(5)ぶちょうだ。小さな会社なので、ぶちょうでも一般社員と同じように、商品を売ってくれるスーパーや(6)せんもん店を(7)ほうもんする。店の人と(8)うちあわせをしてお客様に商品をよく知ってもらうための工夫をしたり、お客様が商品に(9)まんぞくしているかどうか、(10)ちょくせつ話を聞くこともあるそうだ。地方への(11)しゅっちょうも多い。家から会社まで、(12)つうきんに1時間以上かかるため、朝早く家を出て、帰るのが深夜になることも多い。夫はもう若くないので、体が心配だ。

(1)	(2)	(3)	(4)
(5)	(6)	(7)	(8)
(9)	(10)	(11)	(12)

1 危険

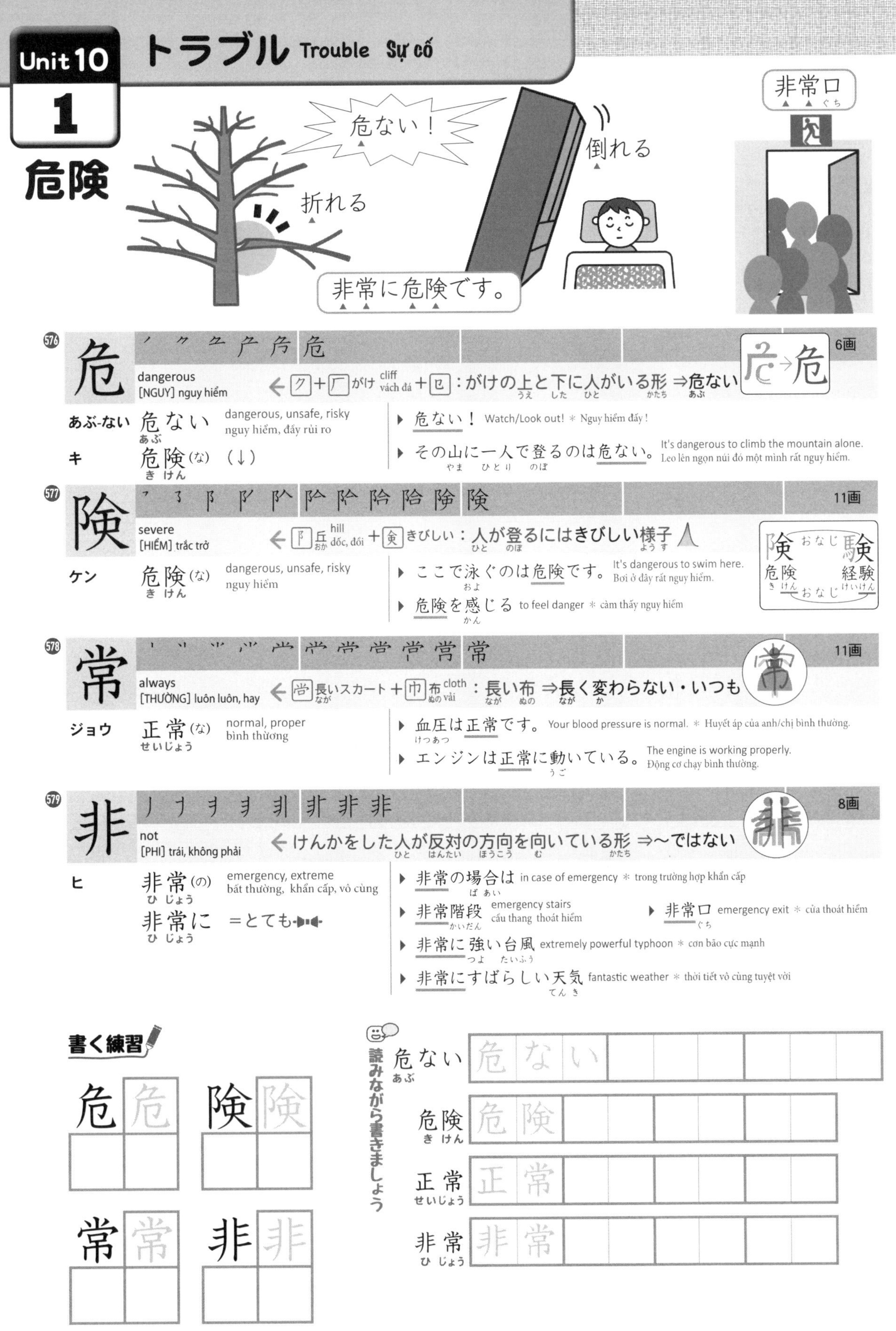

576 危 6画

ノ ク ケ 产 吊 危

dangerous
[NGUY] nguy hiểm

← ク＋厂がけ cliff vách đá ＋㔾：がけの上と下に人がいる形 ⇒危ない　厃→危

あぶ-ない　危ない　dangerous, unsafe, risky / nguy hiểm, đầy rủi ro

キ　危険(な)　(↓)

- 危ない！ Watch/Look out! ＊ Nguy hiểm đấy !
- その山に一人で登るのは危ない。 It's dangerous to climb the mountain alone. Leo lên ngọn núi đó một mình rất nguy hiểm.

577 険 11画

7 3 阝 阝 阝 阝 阝 阝 险 险 険

severe
[HIỂM] trắc trở

← 阝 丘 hill dốc, đồi ＋ 㑒 きびしい：人が登るにはきびしい様子

険 おなじ 験 / 危険 経験 おなじ

ケン　危険(な)　dangerous, unsafe, risky / nguy hiểm

- ここで泳ぐのは危険です。 It's dangerous to swim here. Bơi ở đây rất nguy hiểm.
- 危険を感じる to feel danger ＊ cảm thấy nguy hiểm

578 常 11画

丨 丷 丷 ⺌ 尚 尚 尚 尚 営 常 常

always
[THƯỜNG] luôn luôn, hay

← 尚 長いスカート＋巾 布 cloth vải：長い布 ⇒長く変わらない・いつも

ジョウ　正常(な)　normal, proper / bình thường

- 血圧は正常です。 Your blood pressure is normal. ＊ Huyết áp của anh/chị bình thường.
- エンジンは正常に動いている。 The engine is working properly. Động cơ chạy bình thường.

579 非 8画

丿 ㇀ ㇇ ㇇ 非 非 非 非

not
[PHI] trái, không phải

← けんかをした人が反対の方向を向いている形 ⇒～ではない

ヒ　非常(の)　emergency, extreme / bất thường, khẩn cấp, vô cùng

非常に　＝とても

- 非常の場合は in case of emergency ＊ trong trường hợp khẩn cấp
- 非常階段 emergency stairs cầu thang thoát hiểm
- 非常口 emergency exit ＊ cửa thoát hiểm
- 非常に強い台風 extremely powerful typhoon ＊ cơn bão cực mạnh
- 非常にすばらしい天気 fantastic weather ＊ thời tiết vô cùng tuyệt vời

書く練習

危　険　常　非

読みながら書きましょう

危ない
危険
正常
非常

580 **折** 一 丨 扌 扌 扩 扩 折 7画

break
[TRIẾT] gãy, cong

← 扌(手): ばらばらになった草や木 + 斤 おの ax / rìu: おので木などを切る ⇒ 折る

お-れる	折れる	to break/snap bị gãy
お-る	折る	to break/fold bẻ gãy, gấp

- 台風で木の枝が折れた。 The typhoon broke the tree branches. Cành cây gãy do bão .
- 足の骨が折れる to have a broken leg ＊ bị gãy (xương) chân
- 細い枝を折る to break a twig / bẻ các nhánh vụn
- 紙を半分に折る to fold the paper in half / gấp đôi tờ giấy

581 **倒** ノ 亻 亻 亻 伡 侄 侄 侄 倒 倒 10画

fall, collapse
[ĐẢO] đổ xuống

← 亻人 + 到: 人が刀 sword / gươm のように曲がって頭が地面につく ⇒ 倒れる

たお-れる	倒れる	to fall/come down, to fall ill rơi, ngã, đổ
たお-す	倒す	to knock/throw/cut down làm đổ

- 地震でたんすが倒れる the chest of drawers fell down in an earthquake / vì động đất nên tủ bị đổ
- 暑さで倒れる to collapse in the heat / đổ gục/đổ bệnh vì nắng nóng
- 花びんを倒す to knock a vase over / làm đổ, xô đổ bình hoa
- 座席／シートを 倒す to recline a seat, to put a seat back ＊ ngả ghế dựa ra đằng sau

書く練習

折 折 倒 倒

読みながら書きましょう

折れる 折れる
折る 折る
倒れる 倒れる
倒す 倒す

読む問題

❶ (1)非常の場合はこのボタンを押してください。 (1)______

❷ (2)倒れた家具が当たって足の骨が(3)折れた。 (2)______ (3)______

❸ パソコンが(4)正常に動くかチェックしてください。 (4)______

❹ 電車が来ます。(5)危ないですから黄色い線の内側でお待ちください。 (5)______

書く問題

❶ 公園の木が(1)たおれそうです。(2)あぶないので近くで遊ばないでください。 (1)______ (2)______

❷ 台風が来るので海岸は(3)ひじょうに(4)きけんです。 (3)______ (4)______

❸ グラスを(5)たおして割ってしまった。 (5)______

❹ さくらの木の枝を(6)おらないでください。 (6)______

❺ 検査の結果は(7)せいじょうで、特に悪いところはなかった。 (7)______

2 訓練

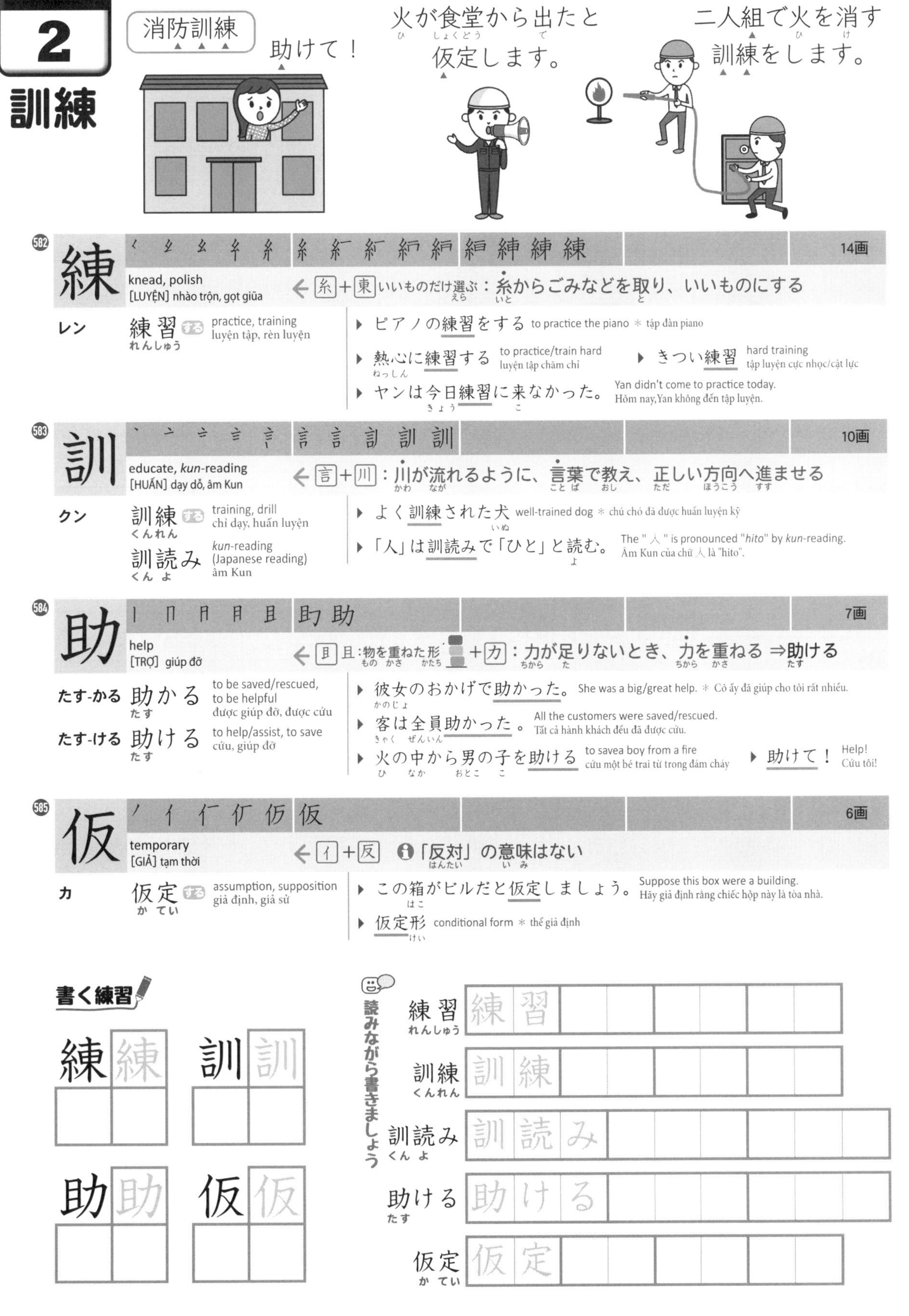

582 **練** ㇛ ㇜ 幺 糸 糸 糸 紆 紆 絧 絧 絧 紳 紳 練 14画

knead, polish
[LUYỆN] nhào trộn, gọt giũa

← 糸+東いいものだけ選ぶ：糸からごみなどを取り、いいものにする

レン 練習（する） practice, training / luyện tập, rèn luyện

- ピアノの練習をする to practice the piano ＊ tập đàn piano
- 熱心に練習する to practice/train hard / luyện tập chăm chỉ
- きつい練習 hard training / tập luyện cực nhọc/cật lực
- ヤンは今日練習に来なかった。 Yan didn't come to practice today. / Hôm nay,Yan không đến tập luyện.

583 **訓** 丶 亠 亖 言 言 言 言 訁 訓 訓 10画

educate, *kun*-reading
[HUẤN] dạy dỗ, âm Kun

← 言+川：川が流れるように、言葉で教え、正しい方向へ進ませる

クン
- 訓練（する） training, drill / chỉ dạy, huấn luyện
- 訓読み *kun*-reading (Japanese reading) / âm Kun

- よく訓練された犬 well-trained dog ＊ chú chó đã được huấn luyện kỹ
- 「人」は訓読みで「ひと」と読む。 The "人" is pronounced "*hito*" by *kun*-reading. / Âm Kun của chữ 人 là "hito".

584 **助** 丨 冂 月 月 且 盯 助 7画

help
[TRỢ] giúp đỡ

← 且 且：物を重ねた形 ＋力：力が足りないとき、力を重ねる ⇒助ける

- たす-かる 助かる to be saved/rescued, to be helpful / được giúp đỡ, được cứu
- たす-ける 助ける to help/assist, to save / cứu, giúp đỡ

- 彼女のおかげで助かった。 She was a big/great help. ＊ Cô ấy đã giúp cho tôi rất nhiều.
- 客は全員助かった。 All the customers were saved/rescued. / Tất cả hành khách đều đã được cứu.
- 火の中から男の子を助ける to savea boy from a fire / cứu một bé trai từ trong đám cháy
- 助けて！ Help! / Cứu tôi!

585 **仮** ノ イ 仁 仃 仮 仮 6画

temporary
[GIẢ] tạm thời

← 亻+反 ℹ「反対」の意味はない

カ 仮定（する） assumption, supposition / giả định, giả sử

- この箱がビルだと仮定しましょう。 Suppose this box were a building. / Hãy giả định rằng chiếc hộp này là tòa nhà.
- 仮定形 conditional form ＊ thể giả định

書く練習

練 訓 助 仮

読みながら書きましょう

練習（れんしゅう）
訓練（くんれん）
訓読み（くんよみ）
助ける（たすける）
仮定（かてい）

586 **防** ㇇ ㇋ 阝 阝' 阝' 阝 防 防 7画

prevent
[PHÒNG] ngăn ngừa, tránh ← 阝 丘(おか) hill dốc, đồi + 方 必要以上に出る(ひつよういじょうにでる)：土(つち)を集(あつ)めて、来(く)るものをおさえる

ふせ-ぐ	防ぐ(ふせぐ)	to prevent để phòng, phòng ngừa	▶ 台所(だいどころ)の火事(かじ)を 防ぐ／防止する to prevent kitchen fires ＊ để phòng hoả hoạn ở nhà bếp
ボウ	防止(ぼうし) する	prevention phòng ngừa	▶ 火(ひ)が広(ひろ)がるのを 防ぐ／防止する to prevent fire from spreading ngăn lửa cháy lan ra
	消防(しょうぼう)	firefighting việc cứu hỏa, việc chữa cháy	▶ 消防車(しょうぼうしゃ) fire engine ＊ xe cứu hoả ▶ 消防訓練(しょうぼうくんれん) fire drill ＊ huấn luyện cứu hoả
	予防(よぼう) する	prevention, precaution dự phòng, phòng ngừa	▶ 病気(びょうき)を 予防する／防ぐ to prevent disease ＊ phòng bệnh

587 **組** ㇛ 幺 幺 糸 糸 糸 糹 紀 組 組 組 11画

form, assemble
[TỔ] hợp lại, nhóm ← 糸 + 且 物(もの)を重(かさ)ねた形(かたち)：糸(いと)を何本(なんぼん)も重(かさ)ねて合(あ)わせる

く-む	組む(くむ)	to cross, to form/assemble/unite xếp, vắt chéo	▶ 足(あし)を組む to cross one's legs ＊ vắt chéo chân
くみ	組(くみ)	class, group nhóm, tổ	▶ 二人(ふたり)で組んで／二人組(ふたりぐみ)で 働(はたら)く to work in pairs ＊ làm việc nhóm 2 người
(-ぐみ)	番組(ばんぐみ)	(TV etc.) program chương trình (TV)	▶ こちらの商品(しょうひん)は三(みっ)つで一組(ひとくみ)です。Three of these items make a set. Sản phẩm này thì cứ 3 chiếc làm thành một bộ.
			▶ 私(わたし)は１年(ねん)３組です。I'm in Homeroom 1-3. Em học lớp 1/3. ▶ テレビ番組 TV program chương trình truyền hình

書く練習

防 防

組 組

読みながら書きましょう

防ぐ(ふせぐ) 防 ぐ

消防(しょうぼう) 消 防

予防(よぼう) 予 防

組む(くむ) 組 む

番組(ばんぐみ) 番 組

読む問題

❶ テレビの健康(けんこう)(1)番組を見(み)て、風邪(かぜ)の(2)予防のためにお茶(ちゃ)を飲(の)むことにした。 (1)＿＿＿ (2)＿＿＿

❷ (3)消防車(しゃ)がすぐに来(き)てくれて(4)助かった。 (3)＿＿＿ (4)＿＿＿

❸ 靴下(くつした)が３足一(ぞくひと)(5)組で千円(せんえん)と(6)仮定すると、１万円(まんえん)で30足(そく)買(か)えます。 (5)＿＿＿ (6)＿＿＿

❹ インフルエンザが広(ひろ)がるのを(7)防ぐために、学校(がっこう)は休(やす)みになった。 (7)＿＿＿

❺ 妹(いもうと)が部屋(へや)でギターの(8)練習をしている。 (8)＿＿＿

書く問題

❶ 火事(かじ)のときは(1)しょうぼうに電話(でんわ)してください。１１９番(ひゃくじゅうきゅうばん)です。 (1)＿＿＿

❷ あの足(あし)を(2)くんで座(すわ)っている人(ひと)はだれですか。 (2)＿＿＿

❸「すれば」「みれば」などの「〜ば」の形(かたち)を「(3)かてい形(けい)」と言(い)います。 (3)＿＿＿

❹ これからおぼれた人(ひと)を(4)たすける(5)くんれんをします。 (4)＿＿＿ (5)＿＿＿

❺ 火(ひ)が広(ひろ)がるのを(6)ふせぐためにドアを閉(し)めてください。 (6)＿＿＿

3 逃げる

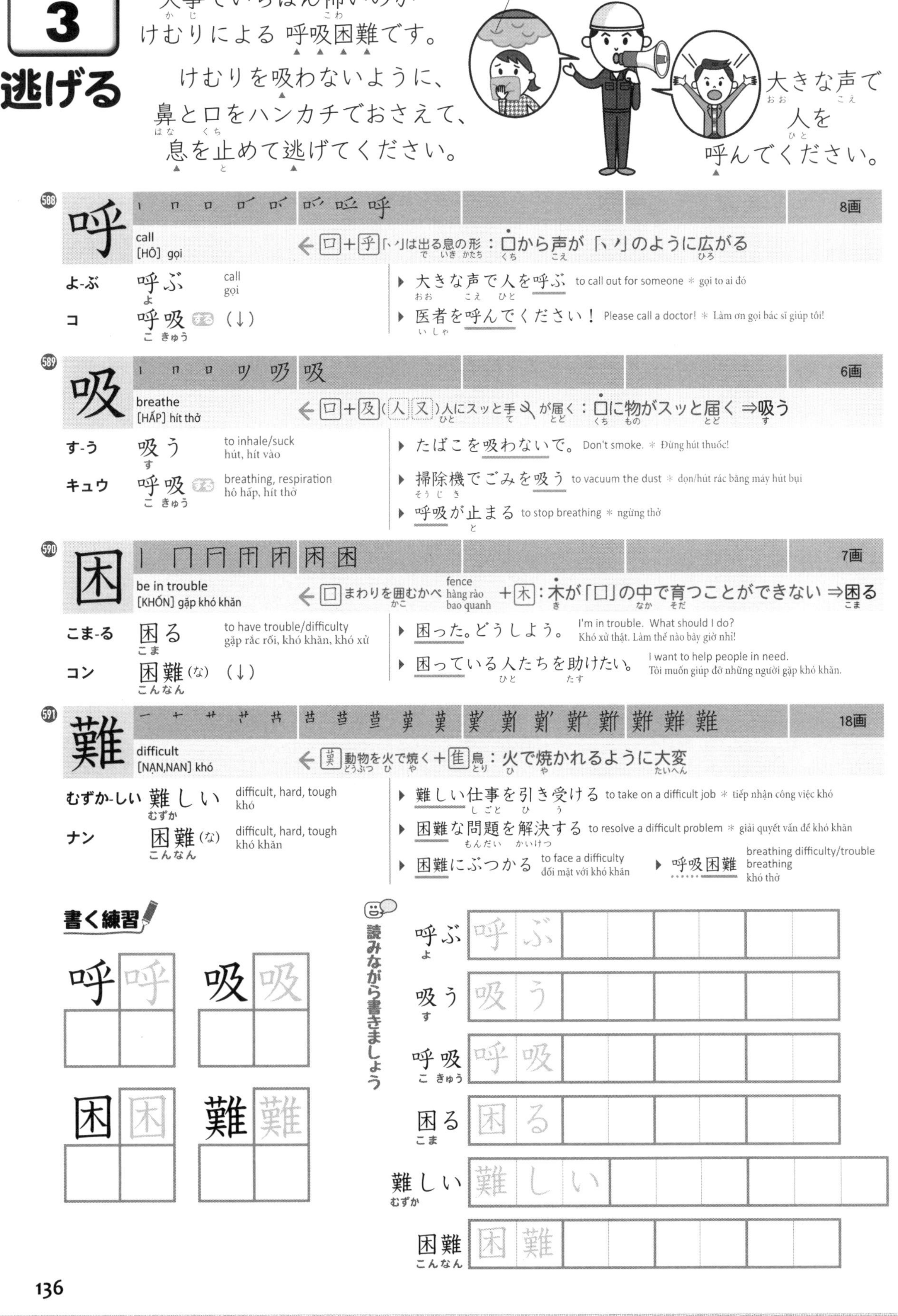

588 呼

ㇱ ㇺ ㇿ 𠮛 𠮟 吁 吆 呼 — 8画

call / [HÔ] gọi

← 口＋乎「丷」は出る息の形：口から声が「丷」のように広がる

よ-ぶ	呼ぶ	call / gọi
コ	呼吸 する	(↓)

- 大きな声で人を呼ぶ　to call out for someone ＊ gọi to ai đó
- 医者を呼んでください！　Please call a doctor! ＊ Làm ơn gọi bác sĩ giúp tôi!

589 吸

丨 ㇆ 口 ㇱ 吸 吸 — 6画

breathe / [HẤP] hít thở

← 口＋及（人 又）人にスッと手が届く：口に物がスッと届く ⇒吸う

す-う	吸う	to inhale/suck / hút, hít vào
キュウ	呼吸 する	breathing, respiration / hô hấp, hít thở

- たばこを吸わないで。　Don't smoke. ＊ Đừng hút thuốc!
- 掃除機でごみを吸う　to vacuum the dust ＊ dọn/hút rác bằng máy hút bụi
- 呼吸が止まる　to stop breathing ＊ ngừng thở

590 困

丨 冂 冃 円 用 困 困 — 7画

be in trouble / [KHỐN] gặp khó khăn

← 囗まわりを囲むかべ fence hàng rào bao quanh ＋木：木が「囗」の中で育つことができない ⇒困る

こま-る	困る	to have trouble/difficulty / gặp rắc rối, khó khăn, khó xử
コン	困難(な)	(↓)

- 困った。どうしよう。　I'm in trouble. What should I do? / Khó xử thật. Làm thế nào bây giờ nhỉ!
- 困っている人たちを助けたい。　I want to help people in need. / Tôi muốn giúp đỡ những người gặp khó khăn.

591 難

一 十 廾 廿 芇 芇 苗 莒 英 莫 莫 剪 歎 歎 歎 難 難 難 — 18画

difficult / [NẠN,NAN] khó

← 𦰩動物を火で焼く＋隹鳥：火で焼かれるように大変

むずか-しい	難しい	difficult, hard, tough / khó
ナン	困難(な)	difficult, hard, tough / khó khăn

- 難しい仕事を引き受ける　to take on a difficult job ＊ tiếp nhận công việc khó
- 困難な問題を解決する　to resolve a difficult problem ＊ giải quyết vấn đề khó khăn
- 困難にぶつかる　to face a difficulty / đối mặt với khó khăn
- 呼吸困難　breathing difficulty/trouble / breathing / khó thở

書く練習

呼　吸　困　難

読みながら書きましょう

呼ぶ（よ）
吸う（す）
呼吸（こきゅう）
困る（こま）
難しい（むずか）
困難（こんなん）

592 **息** ノ 丨 冂 白 自 自 自 息 息 息 10画

breath
[TỨC] hơi thở

← 自 鼻の形 ＋ 心 心臓 heart tim の形：心臓が動くのに合わせて鼻から息をする

いき　息（いき）　breath, respiration　hơi thở

むすこ　息子（むすこ）　son　con trai

▸ 息をする to breathe ＊ thở
▸ 息を止める to hold one's breath ＊ nín thở
▸ 息を深く吸う to take a deep breath ＊ hít thở sâu
▸ 私には二人息子がいる。 I have two sons. ＊ Tôi có 2 đứa con trai.
▸ 息子さんはお元気ですか。 How is your son? ＊ Con trai của anh/chị có khỏe không?

593 **逃** ノ ㇒ ㇒ 北 兆 兆 `兆 兆 逃 9画

escape
[ĐÀO] trốn, tháo chạy

← 辶 進む ＋ 兆 二つに割れる：悪いものと離れて進む ⇒逃げる

に-げる　逃げる（にげる）　to escape/flee/run away　trốn chạy, tẩu thoát

▸ すぐに逃げる to flee at once/right away ＊ chạy trốn ngay
▸ トラブルから逃げる to avoid/evade a trouble ＊ tránh khỏi rắc rối
▸ 小鳥が鳥かごから逃げた。 A bird flew off/escaped from its cage. Con chim non thoát ra khỏi lồng.

書く練習

息 息
逃 逃

読みながら書きましょう

息（いき）
息子（むすこ）
逃げる（にげる）

読む問題

❶ 大変（たいへん）です！ (1)呼吸が止（と）まっています！ (1)＿＿＿

❷ このテストは(2)難しい。 (2)＿＿＿

❸ 約束（やくそく）した時間（じかん）に間（ま）に合（あ）わない。(3)困った。 (3)＿＿＿

❹ 田中（たなか）さん、あちらで(4)息子さんが(5)呼んでますよ。 (4)＿＿＿ (5)＿＿＿

❺ どんな(6)困難にぶつかっても、私（わたし）は(7)逃げない。 (6)＿＿＿ (7)＿＿＿

❻ この掃除機（そうじき）は、細（こま）かいごみをしっかり(8)吸うことができます。 (8)＿＿＿

❼ 今朝（けさ）は寒いので、はいた(9)息が白（しろ）く見（み）えます。 (9)＿＿＿

書く問題

❶ (1)こまったときは私（わたし）を(2)よんでください。 (1)＿＿＿ (2)＿＿＿

❷ どろぼうをつかまえようとしたが、(3)にげられてしまった。 (3)＿＿＿

❸ (病院（びょういん）で)
「(4)いきを深（ふか）く(5)すって……はい、止（と）めてください。」 (4)＿＿＿ (5)＿＿＿

❹ このテレビ番組（ばんぐみ）の内容（ないよう）は子（こ）どもには(6)むずかしいと思（おも）う。 (6)＿＿＿

4 警察

昨日の交通事故
件数 28件

事故
警察官が調べている
事件

594 **察** 14画
inspect
[SÁT] xem xét kỹ
← 宀家＋祭細かく分ける：家で細かいところまでしっかり見て調べる
サツ
観察（する）かんさつ observation, watching / quan sát
▶ 虫の観察 watching insects / quan sát côn trùng
▶ 人々の動きを観察する to monitor the movement of people / quan sát chuyển động của mọi người

595 **警** 19画
warn
[CẢNH] cảnh báo
← 敬緊張して気を付ける＋言：気を付けるように言う
警 おなじ 敬 — 警察 けいさつ / 敬語 けいご — おなじ
ケイ
警察 けいさつ police / cảnh sát
▶ 警察を呼んで！ Call the police! ＊ Gọi cảnh sát đi!
▶ 落とし物を警察に届ける to bring a lost item to the police / mang đồ bị đánh rơi đến cho cảnh sát

596 **官** 8画
public office/officer
[QUAN] cán bộ, viên chức nhà nước
← 宀家＋𠂤肉の形：人が多く集まる家 ⇒役所の人や仕事
カン
警官 けいかん / 警察官 けいさつかん police officer / cảnh sát
▶ 警（察）官がどろぼうをつかまえた。 A police officer caught the thief. / Cảnh sát đã bắt được tên trộm.
▶ 警（察）官に駅への道をたずねる to ask a police officer the way to the station / hỏi cảnh sát đường đến nhà ga

597 **故** 9画
old, incident
[CỐ] cũ, tai nạn
← 古古い、固い＋攵させる：古くさせる、固くさせる ⇒悪い出来事 incident / sự kiện
コ
事故 じこ accident / sự cố, tai nạn
▶ 事故が起きる an accident occurs/happens / xảy ra tai nạn
▶ 事故を起こす to cause an accident / gây ra sự cố/tai nạn
▶ 交通事故にあう to have/be in a traffic accident ＊ gặp tai nạn giao thông

書く練習

察 警 官 故

読みながら書きましょう

観察 かんさつ
警察 けいさつ
警官 けいかん
警察官 けいさつかん
事故 じこ

598 **調** 、 亠 亠 亠 言 言 言 訂 訂 訂 訶 訶 調 調 調 15画

arrange, prepare
[ĐIỀU] sắp xếp, chuẩn bị

← 言 + 周 全体に届く：言葉が全体に届く ⇒ちょうどよくする

しら-べる	調べる（しら）	to investigate/examine tìm hiểu, điều tra	▶ 店の場所を調べる to look up the location of the store ＊ tìm hiểu vị trí cửa hàng
チョウ	調子（ちょうし）	condition, a tune/key trạng thái, tình hình	▶ 調子が いい/悪い to be in good/bad the condition trạng thái tốt/không tốt ▶ 調子に乗る to get carried away kiêu ngạo
	調節（ちょうせつ）する	adjustment, conditioning điều tiết, điều chỉnh	▶ エンジンの調子を調べる to check condition of the engine ＊ kiểm tra tình trạng của động cơ ▶ シャワーの温度を調節する to adjust the shower temperature điều chỉnh nhiệt độ vòi tắm hoa sen

599 **件** ノ イ 亻 仁 仁 件 6画

matter, case
[KIỆN] vấn đề, vụ việc

← 亻人 + 牛 牛 cow con bò ：一つ一つの事や物

ケン	事件（じけん）	incident, case, happenings sự việc, vụ việc	▶ 事件について調べる to investigate the case tìm hiểu về vụ việc ▶ 事件を解決する to solve the case giải quyết vụ việc
	件（けん）	matter, case sự việc	▶ あの件はどうなりました？ What happened with that matter? ＊ Việc đó thế nào rồi?
	件数（けんすう）	number of cases số sự việc	▶ 別の件で電話する to call about another matter ＊ gọi điện vì sự việc khác ▶ 予約(の)件数 the number of bookings ＊ số đơn đặt trước
	—件（けん）	〔件数を言うときに使う〕	▶ 火事が２件、事故が３件 2 fires, 3 accidents ＊ hỏa hoạn 2 vụ, tai nạn 3 vụ

書く練習

調 調

件 件

読みながら書きましょう

調べる（しら） 調 べ る

調子（ちょうし） 調 子

事件（じけん） 事 件

件（けん） 件

読む問題

❶ (1)警察が(2)事件を(3)調べている。 (1)______ (2)______ (3)______

❷ 毎朝庭に来る鳥の(4)観察をしている。 (4)______

❸ 先週(5)事故があった交差点に(6)警官が立っている。 (5)______ (6)______

❹ このごろ体の(7)調子がよくない。 (7)______

❺ 明日の会議の(8)件で、課長と打ち合わせをした。 (8)______

❻ 身長に合わせていすの高さを(9)調節した。 (9)______

書く問題

❶ レストランの場所をインターネットで(1)しらべた。 (1)______

❷ 今日は、交通(2)じこが１(3)けんもなかった。 (2)______ (3)______

❸ 昨夜は(4)ちょうしに乗って飲み過ぎてしまった。 (4)______

❹ 夜、公園で走っていたら(5)けいさつかんに声をかけられた。 (5)______

5 原因

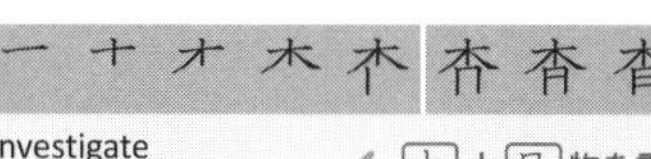

※ウイルス virus ＊ virus

600 査 9画

一 十 才 木 木 杏 杏 杳 査

investigate [TRA] điều tra

← 木＋且 物を重ねた形：重ねてよく調べる

サ

調査（ちょうさ） する investigation, reseach / khảo sát, điều tra nghiên cứu

- 現在調査中だ（げんざいちょうさちゅうだ） to be currently under investigation / hiện đang trong quá trình điều tra
- アンケート調査 survey by questionnaire ＊ điều tra bằng bảng hỏi

601 検 12画

一 十 才 木 木' 朴 朴 朴 柃 柃 検 検

examine [KIỂM] làm rõ, xem xét lại coi có đúng không

← 木 木＋ 㑒 きつくしばった bind / băng bó 形 ⇒厳しい：厳しくチェックする

ケン

検査（けんさ） する examination, inspection / kiểm tra, xét nghiệm

- 目の検査のために病院に行く to go to the hospital to have an eye check/exam / đi bệnh viện để kiểm tra sức khoẻ
- 製品を検査する（せいひん） to inspect the products ＊ kiểm tra sản phẩm

検 おなじ 険
検査（けんさ） おなじ 危険（きけん）

602 液 11画

丶 丶 氵 氵 汁 汴 沪 浐 液 液 液

liquid [DỊCH] chất lỏng

← 氵水＋夜：昼と夜がくり返すように、ポツポツと落ちる水

エキ

血液（けつえき） blood / máu

液体（えきたい） liquid / chất lỏng, thể lỏng

- 血液検査 blood test ＊ xét nghiệm máu
- 服に血液がつく to get blood on clothes / máu dính trên quần áo
- 液体洗剤（せんざい） liquid detergent / xà phòng giặt dạng lỏng, nước giặt
- 液体が入った容器（はいったようき） container containing liquid / dụng cụ có chứa chất lỏng

603 因 6画

丨 冂 冃 冈 因 因

ground, foundation [NHÂN] nguyên do

← 口＋大 ふとんの上に人が寝る形：物や事の下の部分にあること

イン

原因（げんいん） cause / nguyên nhân, lý do

- 火事の原因を調べる（かじ、しらべる） to investigate the cause of the fire ＊ điều tra nguyên nhân vụ hoả hoạn
- 複数の原因がある（ふくすう） to have multipul causes ＊ có nhiều nguyên nhân
- 事故の原因はわかっていない。（じこ） The cause of the accident is unknown. Vẫn chưa rõ nguyên nhân của tai nạn.

書く練習

読みながら書きましょう

604 **果** 8画

丨 冂 冃 日 旦 甲 果 果

fruit
[QUẢ] hoa quả, trái cây

← 日+木：果物（くだもの）がなった木（き）の形（かたち）

カ	結果（けっか）	result, outcome / kết quả
くだもの	果物（くだもの）	fruit / hoa quả, trái cây

- 試験（しけん）(の)結果 examination results ＊ kết quả kỳ thi
- 検査(の)結果は正常（せいじょう）だった。The test results was normal. ＊ Kết quả xét nghiệm là "bình thường".
- 果物の皮（かわ）をむく to peel fruits ＊ lột/bóc vỏ trái cây

605 **効** 8画

丶 亠 亣 六 交 交 効 効

effect
[HIỆU] có tác dụng

← 交+力：力（ちから）を出（だ）して、いい結果（けっか）が出（で）るようにする

効 おなじ 交
効果（こうか） おなじ 交通（こうつう）

き-く	効（き）く	to take effect, to work / có hiệu quả, có tác dụng
コウ	効果（こうか）	effect, results / hiệu quả, tác dụng

- 薬（くすり）が効かない the medicine doesn't work/isn't effective / thuốc không có tác dụng
- よく効く薬（くすり） effective medicine / thuốc có hiệu quả tốt
- 効果がある/ない to be effective/ineffective ＊ có/không có hiệu quả
- 広告（こうこく）の効果 the effectiveness of advertising ＊ hiệu quả của quảng cáo
- すぐに効果が表（あらわ）れる to have an immediate effect ＊ có hiệu quả ngay lập tức
- 風邪（かぜ）の予防（よぼう）に効果的（てき）である to be effective to prevent colds / có tác dụng trong phòng ngừa bệnh cúm

書く練習

果 果
効 効

読みながら書きましょう

結果（けっか） 結果
果物（くだもの） 果物
効（き）く 効く
効果（こうか） 効果

読む問題

❶ (1)血液(2)検査の(3)結果は正常（せいじょう）です。 (1)＿＿ (2)＿＿ (3)＿＿

❷ どんな(4)果物が好（す）きですか。 (4)＿＿

❸ この運動（うんどう）は、ダイエットにはあまり(5)効果がない。 (5)＿＿

❹ 火事（かじ）の(6)原因は何（なん）ですか。 (6)＿＿

❺ この(7)液体洗剤（せんざい）を使（つか）うと汚（よご）れがよく落（お）ちますよ。 (7)＿＿

❻ さっき飲（の）んだ薬（くすり）が(8)効いて熱（ねつ）が下（さ）がりました。 (8)＿＿

書く問題

❶ (1)けつえきが大量（たいりょう）に失（うしな）われると命（いのち）が危険（きけん）です。 (1)＿＿

❷ この(2)くだものは血圧（けつあつ）を下（さ）げる(3)こうかがあるそうです。 (2)＿＿ (3)＿＿

❸ 調（しら）べた(4)けっか、スピードの出（だ）し過（す）ぎ※が事故（じこ）の(5)げんいんだとわかった。

※スピードの出（だ）し過（す）ぎ speeding ＊ (chạy) quá nhanh

(4)＿＿ (5)＿＿

❹ 私（わたし）は工場（こうじょう）でできあがった製品（せいひん）の(6)けんさを担当（たんとう）している※。 (6)＿＿

※～を担当（たんとう）する to take charge of ... ＊ phụ trách về ...

6 読み方の復習

/50

もんだい1 ＿＿のことばはどう読みますか。ひらがなを□に書いてください。 (2点×7)

① 来週、(1)消防 (2)訓練を行います。 (1)［　］(2)［　］

② (3)息子は、病院で(4)血液(5)検査を受けた。 (3)［　］(4)［　］(5)［　］

③ ここでたばこを(6)吸わないでください。 (6)［　］

④ メンバーは全員で20名だから、４人一(7)組にすると５組できる。 (7)［　］

もんだい2 ＿＿のことばはどう読みますか。ひらがなを□に書いてください。 (2点×8)

① 田中(たなか)「交通(1)事故が起きてけがをした人がいるときは、けが人を(2)助けるために、すぐに119番に電話をしてください。」

アリ「(3)警察は(4)呼ばなくてもいいですか。」

田中(たなか)「119番に電話すると、救急車(きゅうきゅう)※が来てけが人を病院に運んでくれます。事故だと話せば、(5)警官も来てくれます。」 ※救急車(きゅうきゅう) ambulance ＊ xe cấp cứu

② 課長「大川(おおかわ)さんからA社の(6)件、聞いたよ。(7)難しい問題だね。」

社員「はい、どうしたらいいかわからなくて、(8)困っています。」

(1)	(2)	(3)	(4)
(5)	(6)	(7)	(8)

もんだい3 ＿＿のことばはどう読みますか。ひらがなを□に書いてください。 (2点×10)

大きな地震(じしん)が起きたときには、多くのけが人が出ます。けがの(1)原因で多いのが、家具によるものです。家具が(2)倒れて骨(ほね)が(3)折れる場合もあり、(4)非常に(5)危険です。また、倒れた家具がじゃまになって、(6)逃げられなくなることもあります。家具が倒れるのを(7)防ぐには、家具を壁(かべ)に固定(こてい)することが大切です。これには食器だなから食器が落ちるのを防ぐ(8)効果もあります。地震はいつ起きるかわかりません。みなさんの家に(9)危ないところがないか、(10)調べてみてください。

(1)	(2)	(3)	(4)	(5)
(6)	(7)	(8)	(9)	(10)

Unit 10 7 書き方の復習

/50

もんだい1 ＿＿は漢字とひらがなでどう書きますか。正しいほうをa･bから選んでください。(2点×7)

① 来週、(1)しょうぼう｛a. 消坊　b. 消防｝(2)くんれん｛a. 訓練　b. 訓錬｝を行います。

② (3)むすこ｛a. 息子　b. 息子｝は、病院で(4)けつえき｛a. 血液　b. 血夜｝(5)けんさ｛a. 険査　b. 検査｝を受けた。

③ ここでたばこを(6)すわないで｛a. 吃わないで　b. 吸わないで｝ください。

④ メンバーは全員で20名だから、4人一(7)くみ｛a. 粗　b. 組｝にすると5くみできる。

もんだい2 ＿＿は漢字とひらがなでどう書きますか。□に書いてください。(2点×8)

① 田中「交通(1)じこが起きてけが人がいるときは、けが人を(2)たすけるために、すぐに119番に電話をしてください。」

アリ「(3)けいさつは(4)よばなくてもいいですか。」

田中「119番に電話すると、救急車が来てけが人を病院に運んでくれます。じこだと話せば、(5)けいかんも来てくれます。」

② 課長「大川さんからA社の(6)けん、聞いたよ。(7)むずかしい問題だね。」

社員「はい、どうしたらいいかわからなくて、(8)こまっています。」

(1)	(2)	(3)	(4)
(5)	(6)	(7)	(8)

もんだい3 ＿＿は漢字とひらがなでどう書きますか。□に書いてください。(2点×10)

大きな地震が起きたときには、多くのけが人が出ます。けがの(1)げんいんで多いのが、家具によるものです。家具が(2)たおれて骨が(3)おれる場合もあり、(4)ひじょうに(5)きけんです。また、たおれた家具がじゃまになって、(6)にげられなくなることもあります。家具がたおれるのを(7)ふせぐには、家具を壁に固定することが大切です。これには食器だなから食器が落ちるのをふせぐ(8)こうかもあります。地震はいつ起きるかわかりません。みなさんの家に(9)あぶないところがないか、(10)しらべてみてください。

(1)	(2)	(3)	(4)	(5)
(6)	(7)	(8)	(9)	(10)

Unit 11 準備・受付 (じゅんび・うけつけ) Preparation, Reception / Chuẩn bị, Tiếp nhận

1 位置

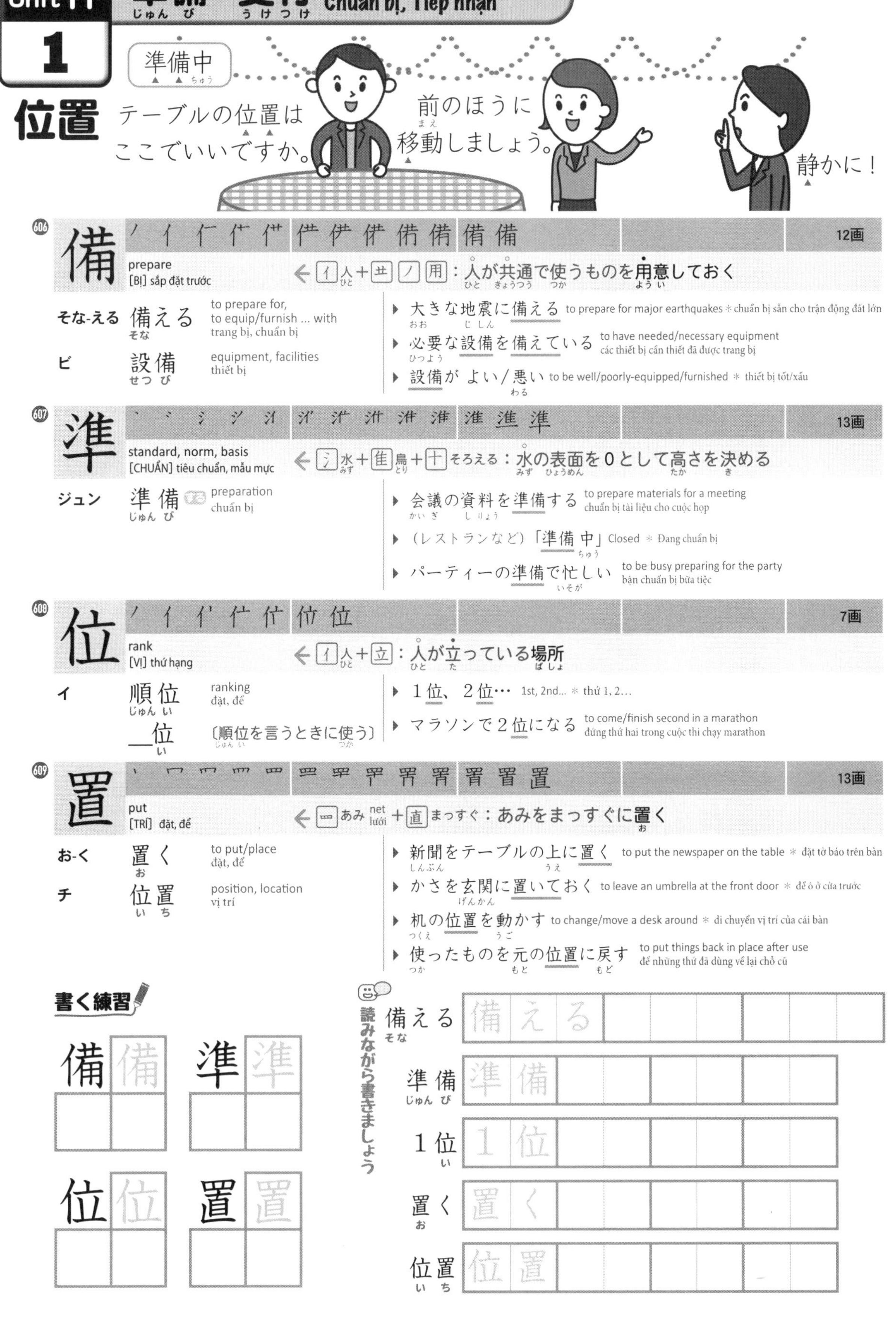

606 備 (12画)

ノ イ 亻 亻 伴 伴 伴 伴 倩 倩 備 備

prepare
[BỊ] sắp đặt trước

← 亻人(ひと)＋卄 ノ 用：人が共通で使うものを用意しておく

そな-える	備える (そなえる)	to prepare for, to equip/furnish ... with trang bị, chuẩn bị
ビ	設備 (せつび)	equipment, facilities thiết bị

- 大きな地震に備える　to prepare for major earthquakes ＊ chuẩn bị sẵn cho trận động đất lớn
- 必要な設備を備えている　to have needed/necessary equipment / các thiết bị cần thiết đã được trang bị
- 設備が よい／悪い　to be well/poorly-equipped/furnished ＊ thiết bị tốt/xấu

607 準 (13画)

丶 丶 氵 氵 氵 氵 汁 汁 淮 淮 準 準 準

standard, norm, basis
[CHUẨN] tiêu chuẩn, mẫu mực

← 氵水(みず)＋隹鳥(とり)＋十そろえる：水の表面を０として高さを決める

ジュン	準備 (じゅんび) する	preparation chuẩn bị

- 会議の資料を準備する　to prepare materials for a meeting / chuẩn bị tài liệu cho cuộc họp
- （レストランなど）「準備中」 Closed ＊ Đang chuẩn bị
- パーティーの準備で忙しい　to be busy preparing for the party / bận chuẩn bị bữa tiệc

608 位 (7画)

ノ イ 亻 亻 亻 位 位

rank
[VỊ] thứ hạng

← 亻人(ひと)＋立：人が立っている場所

イ	順位 (じゅんい)	ranking đặt, để
	＿位 (い)	〔順位を言うときに使う〕

- １位、２位…　1st, 2nd... ＊ thứ 1, 2...
- マラソンで２位になる　to come/finish second in a marathon / đứng thứ hai trong cuộc thi chạy marathon

609 置 (13画)

丶 冖 冖 罒 罒 罒 罒 罟 罟 罟 罟 罟 置

put
[TRÍ] đặt, để

← 罒あみ net lưới ＋直まっすぐ：あみをまっすぐに置く

お-く	置く (おく)	to put/place đặt, để
チ	位置 (いち)	position, location vị trí

- 新聞をテーブルの上に置く　to put the newspaper on the table ＊ đặt tờ báo trên bàn
- かさを玄関に置いておく　to leave an umbrella at the front door ＊ để ô ở cửa trước
- 机の位置を動かす　to change/move a desk around ＊ di chuyển vị trí của cái bàn
- 使ったものを元の位置に戻す　to put things back in place after use / để những thứ đã dùng về lại chỗ cũ

書く練習

備 備　準 準　位 位　置 置

読みながら書きましょう

備える (そなえる)　備える
準備 (じゅんび)　準備
１位 (い)　１位
置く (おく)　置く
位置 (いち)　位置

610 **移** 一 二 千 千 禾 禾 私 秒 移 移 移 11画

move, shift
[DI] chuyển, thay đổi vị trí ← 禾 イネ rice plant lúa ＋ 多 横に動く

うつ-る	移る	to move/shift/transfer chuyển đến, lây sang	▸ より大きな部屋に移る to move to a larger room ＊ chuyển sang căn phòng lớn hơn
うつ-す	移す	to move/shift/transfer di chuyển, di dời	▸ ほかの席に移ってもいいですか。 May I move to another seat? Tôi có thể chuyển sang ghế khác được không?
イ	移動 する	movement, transfer sự di chuyển, việc đi lại	▸ 新しいパソコンにデータを移す to move one's data to a new PC chuyển dữ liệu vào máy tính xách mới
			▸ 机をとなりの部屋に移動する to move a desk to the next room chuyển bàn sang phòng bên cạnh
			▸ タクシーで移動する to move by taxi ＊ di chuyển bằng taxi
			▸ 移動(する)手段がない to have no means of transportation ＊ không có phương tiện để đi lại

611 **静** 一 十 キ 主 亭 青 青 青 青 靑 靜 靜 靜 静 14画

quiet
[TĨNH] yên tĩnh ← 青 汚れたりくもったりしていない clear trong vắt ＋ 争 戦う fight chiến đấu ：戦争がなくなる ⇒静か

しず-か	静か(な)	quiet, calm im lặng, yên tĩnh	▸ 静かな場所に引っ越す to move to a quiet place ＊ chuyển nhà đến nơi yên tĩnh
			▸ 静かにしなさい。 Keep quiet!, Quiet! Làm ơn giữ im lặng. ▸ 波が静かだ。 The waves are calm/placid. Sóng lặng.
			▸ ドアを静かに（＝そっと）閉める to shut the door quietly ＊ đóng cửa nhẹ nhàng

書く練習

移 移　静 静

読みながら書きましょう

移る　移 る
移す　移 す
移動　移 動
静か　静 か

読む問題

❶ 花びんを今(1)置いてある(2)位置より少し右に動かしてください。 (1)___ (2)___

❷ 病院の中を(3)移動するときは(4)静かにすること。 (3)___ (4)___

❸ 会議の(5)準備はすべて終わりました。 (5)___

❹ この大会で3(6)位以上になれば全国大会に出られる。 (6)___

❺ この部屋は少し狭いので、会議室に(7)移りましょう。 (7)___

❻ 地震に(8)備えて食べ物と水を用意した。 (8)___

書く問題

❶ 窓から入る光がまぶしかったので、となりの席に(1)うつった。 (1)___

❷ ガラスの人形を台の上に(2)しずかに(3)おいた。 (2)___ (3)___

❸ これから会場に(4)いどうして発表の(5)じゅんびをします。 (4)___ (5)___

❹ ビデオカメラの(6)いちを部屋の前に(7)うつした。 (6)___ (7)___

❺ このホールは、コンサートに必要な(8)せつびを(9)そなえている。 (8)___ (9)___

Unit 11 準備・受付

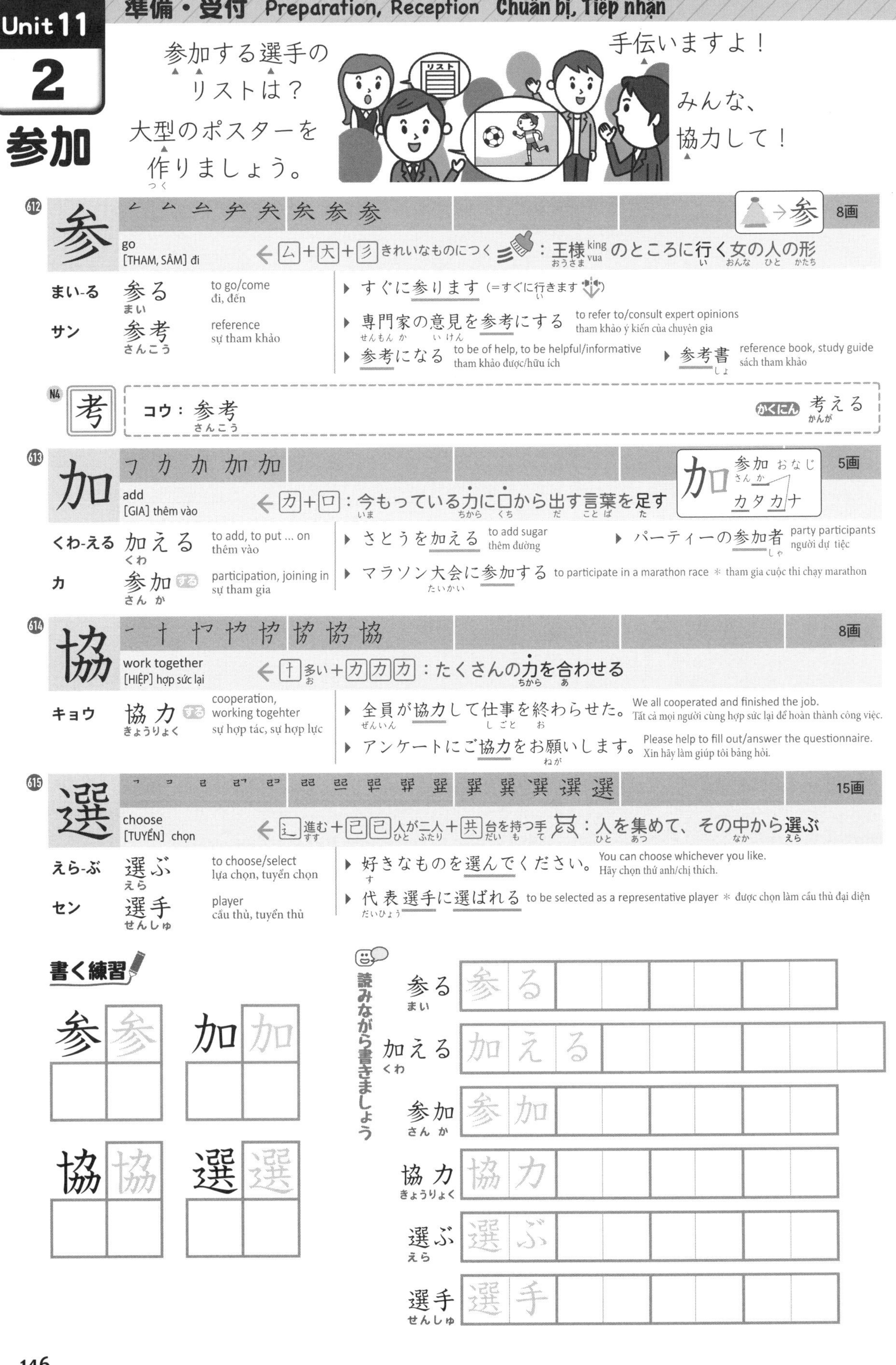

2 参加

612 参 — 8画

ㇺ ム 厶 厽 叅 参 参 参

go
[THAM, SÂM] đi

← 厶＋大＋彡 きれいなものにつく：王様(おうさま) king vua のところに行(い)く女(おんな)の人(ひと)の形(かたち)

まい-る	参る（まい）	to go/come đi, đến	▸ すぐに参ります（＝すぐに行(い)きます）
サン	参考（さんこう）	reference sự tham khảo	▸ 専門家(せんもんか)の意見(いけん)を参考にする to refer to/consult expert opinions / tham khảo ý kiến của chuyên gia ▸ 参考になる to be of help, to be helpful/informative / tham khảo được/hữu ích ▸ 参考書(しょ) reference book, study guide / sách tham khảo

N4 考　コウ：参考（さんこう）　かくにん 考える（かんが）

613 加 — 5画

フ カ か 加 加

add
[GIA] thêm vào

← 力＋口：今(いま)もっている力(ちから)に口(くち)から出(だ)す言葉(ことば)を足(た)す

加　参加（さんか） おなじ カタカナ

くわ-える	加える（くわ）	to add, to put ... on thêm vào	▸ さとうを加える to add sugar / thêm đường ▸ パーティーの参加者(しゃ) party participants / người dự tiệc
カ	参加（さんか）する	participation, joining in sự tham gia	▸ マラソン大会(たいかい)に参加する to participate in a marathon race ＊ tham gia cuộc thi chạy marathon

614 協 — 8画

一 十 十⁷ 忄 ... 協 協

work together
[HIỆP] hợp sức lại

← 十 多(お)い＋力力力：たくさんの力(ちから)を合(あ)わせる

キョウ	協力（きょうりょく）する	cooperation, working togehter sự hợp tác, sự hợp lực	▸ 全員(ぜんいん)が協力して仕事(しごと)を終(お)わらせた。 We all cooperated and finished the job. / Tất cả mọi người cùng hợp sức lại để hoàn thành công việc. ▸ アンケートにご協力をお願(ねが)いします。 Please help to fill out/answer the questionnaire. / Xin hãy làm giúp tôi bảng hỏi.

615 選 — 15画

ㇷ ㇷ 己 己⁷ 己⁷ 己己 巳巳 ... 巽 巽 巽 選 選

choose
[TUYỂN] chọn

← 辶 進(すす)む＋已已 人(ひと)が二人(ふたり)＋共 台(だい)を持(も)つ手(て)：人(ひと)を集(あつ)めて、その中(なか)から選(えら)ぶ

えら-ぶ	選ぶ（えら）	to choose/select lựa chọn, tuyển chọn	▸ 好(す)きなものを選んでください。 You can choose whichever you like. / Hãy chọn thứ anh/chị thích.
セン	選手（せんしゅ）	player cầu thủ, tuyển thủ	▸ 代表(だいひょう)選手に選ばれる to be selected as a representative player ＊ được chọn làm cầu thủ đại diện

書く練習

参 加 協 選

読みながら書きましょう

参る（まい）
加える（くわ）
参加（さんか）
協力（きょうりょく）
選ぶ（えら）
選手（せんしゅ）

616 **伝** ノ イ 亻 仁 伝 伝 6画

tell
[TRUYỀN] truyền đạt, chuyển lời
← 亻人 + 云言う：聞いたことを人に言う ⇒伝える

つた-わる	伝わる	to be conveyed / chuyển tải được	▶ 気持ちが伝わる feelings are conveyed ＊ chuyển tải được tâm trạng/tình cảm
つた-える	伝える	to communicate /report/convey / truyền đạt, dạy dỗ	▶ 彼女におめでとうと伝えてください。 Tell/Give her my congratulations. Hãy chuyển lời chúc mừng đến cô ấy giúp tôi.
てつだ-う	手伝う	to help/assist / giúp đỡ	▶ 彼にすぐ帰るよう伝えます。 I will tell him to go home at once. Tôi sẽ nhắn anh ấy gửi email.
デン	伝言 する	message / tin nhắn, lời nhắn	▶ 夕食の支度をする母を手伝う I help my mother my mother to prepare dinner giúp mẹ chuẩn bị bữa tối
			▶ 森さんから伝言（=メッセージ）がありました。 There's a message for you from Mr.Mori. Có tin nhắn từ anh Tanaka.
			▶ 伝言をお願いできますか。 Can I leave a message? ＊ Tôi có thể để lại lời nhắn được không?

N5 **言** ゴン：伝言 する　かくにん 言う、言葉、言語

617 **型** 一 二 チ 开 开 刑 型 型 型 9画

mold
[HÌNH] khuôn đúc
← 开わく frame khung ＋ 刂 ＋ 土：わくに土を入れて作った型 mold khuôn đúc

かた	型	type/model/pattern, form / nhóm máu	▶ 新しい型／新型の車 new-model car ＊ xe đời mới/mẫu mới
(-がた)	血液型	blood type / nhóm máu	▶「血液型は何ですか。」「AB型です。」 "What is your blood type?" "It's AB." "Nhóm máu của anh/chị là gì?" "Nhóm AB."
	＿型	type ＿ / máu ＿	▶ 大型／小型（=大きいサイズ／小さいサイズ） big size / small size ＊ cỡ lớn/cỡ nhỏ

書く練習

伝　型

読みながら書きましょう

伝える　手伝う　伝言　型　小型

読む問題

❶ (1)手伝いに来てくれた人と(2)協力して水を運んだ。 (1)＿＿ (2)＿＿

❷ いい(3)参考書の(4)選び方を教えてください。 (3)＿＿ (4)＿＿

❸ 森(5)選手の(6)血液型はO型だそうです。 (5)＿＿ (6)＿＿

❹ 先生に「すぐ(7)参ります」と(8)伝えた。 (7)＿＿ (8)＿＿

書く問題

❶ 大会に(1)さんかする(2)せんしゅは集まってください。 (1)＿＿ (2)＿＿

❷「部の全員が(3)きょうりょくしてがんばるように」と社長から(4)でんごんがあった。 (3)＿＿ (4)＿＿

❸ 彼のアドバイスは車を(5)えらぶとき(6)さんこうになった。 (5)＿＿ (6)＿＿

❹ 塩を少し(7)くわえてよく混ぜてください。 (7)＿＿

❺ 引っ越して部屋が広くなったので、(8)おおがたのテレビを買った。 (8)＿＿

3 申込

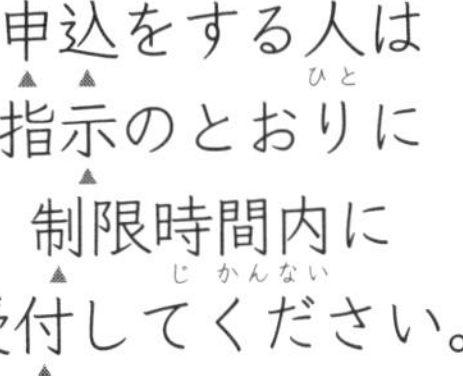

申込をする人は指示のとおりに制限時間内に受付してください。

---

618 受 ノ ⺈ ⺈ ⺈ ⺈ 乊 受 受 — 8画

receive [THỤ,THỌ] nhận
← 爫 爪 nail móng ⇒手＋冖＋又 手の形：手から渡し、手でもらう

読み	語	意味
う-ける	受ける	to receive/get/catch, to be given / nhận, lấy
	受け取る	to receive/get / nhận, lấy
	受け入れる	to accept/take up/take / tiếp nhận

- 授業を受ける to take classes / dự lớp học
- 教育を受ける to get an education / được giáo dục
- 小包を受け取る to receive a parcel ＊ nhận được gói bưu kiện
- 留学生を受け入れる to accept foreign students ＊ tiếp nhận du học sinh
- 他の人の意見を受け入れる to accept others' opinion / tiếp nhận ý kiến của người khác

619 付 ノ イ 仁 付 付 — 5画

stick, adhere [PHÓ] dính vào, gắn vào
← 亻人＋寸手に持つ：人に手をぴったり付ける

読み	語	意味
つ-く	付く	to stick/adhere/cling / có dính, có kèm theo
つ-ける	付ける	to attach/stick, to put on / dính vào, gắn vào
	受け付ける	to accept/take / tiếp nhận
	受付※ する	reception desk, acceptance / quầy tiếp tân, sự tiếp đón

- このかばんにはポケットが4つ付いている。 This bag has four pockets. / Túi xách này có 4 ngăn nhỏ.
- 名札を付ける to put on a name tag ＊ gắn/đính bảng tên
- 質問を受け付ける to take questions ＊ tiếp nhận câu hỏi
- 受付で尋ねる to ask at the reception desk / hỏi lễ tân
- 受付期間 application period / thời gian tiếp đón/tiếp nhận

620 制 ノ ⺈ 𠂉 午 缶 朱 制 制 — 8画

control [CHẾ] điều khiển
← 朱 枝がついた木の形＋刂 刀 sword gươm：刀で木からいらない部分をとる

読み	語	意味
セイ	制限 する	limitation, restriction / giới hạn
	制服	uniform / đồng phục

- 年齢(の)制限がある There is an age limit. ＊ có giới hạn về độ tuổi
- 食事を制限する to restrict diet / ăn uống hạn chế
- 制限時間 time limit / thời gian giới hạn
- 制服に着替える to change into a uniform ＊ thay sang đồng phục

621 申 ｌ 冂 日 日 申 — 5画

say [THÂN] nói ra
← かみなりの光 lightning sét, tia chớp の形 ⇒神様に言う

もう-す	申す＝言う

- 初めまして。田中と申します。(=言います)
- うそは申しておりません。(=言っていません)

おなじ：申 神 神様

書く練習

受 受 ／ 付 付 ／ 制 制 ／ 申 申

読みながら書きましょう

受ける 受ける
付く 付く
受付 受付
制限 制限
申す 申す

622 **込** ノ 入 入 込 込 5画
include
[NHẬP] bao gồm
← ⻌ 進む(すす) + 入 : 中(なか)に入(はい)っている

こ-む	＿込み(こ)	iincluding ＿, ＿ included / bao gồm ＿	▶ サービス料(りょう)込み including service charge ＊ đã bao gồm phí dịch vụ
	申(もう)し込(こ)む	to apply/propose/order / đăng kí	▶ 消費税(しょうひぜい)込みの値段(ねだん)です。 Consumption tax is included in the price. Mức giá đã bao gồm thuế tiêu dùng.
	申込(もうしこみ)※ する	application / sự đăng kí	▶ ＿を申し込む to apply for ＿ đăng kí ＿　▶ 申込用紙(ようし)／申込書(しょ) application form giấy đăng ký
	税込(ぜいこみ)※	including tax, tax included / bao gồm thuế	▶ (値段(ねだん)の表示(ひょうじ))「1,000円(えん)(税込)」 1000-yen (tax included) ＊ 1000 yên (bao gồm thuế)
			▶ 心(こころ)を込めて with all one's heart bằng tâm huyết, hết lòng　▶ 期待(きたい)を込めて with expectation với sự kì vọng
こ-める	込(こ)める	to put in / đặt vào	

623 **示** 一 二 于 亍 示 5画
indicate
[THỊ] chỉ ra
← 二 + 小 : 神様(かみさま)が降(お)りてくる祭(さい)だん altar bàn thờ の形(かたち) ⇒神様(かみさま)の心(こころ)を示(しめ)す

しめ-す	示(しめ)す	to show/indicate/point / chỉ ra, cho thấy	▶ 実力(じつりょく)を示す to show one's ability cho thấy thực lực　▶ 興味(きょうみ)を示す to show interest cho thấy sự hứng thú
ジ	指示(しじ) する	instructions, directions, command / chỉ thị, chỉ dẫn, hướng dẫn	▶ 駅(えき)の方向(ほうこう)を示す to point to the direction of the station ＊ chỉ hướng của ga
			▶ 先生(せんせい)の指示に従(したが)う to follow the teacher's instructions ＊ tuân theo sự chỉ dẫn của giáo viên
			▶ 指示された場所(ばしょ)に行(い)く to go to the place indicated/instructed đi đến nơi đã được chỉ định

書く練習

込　示

※ 受付(うけつけ)は「受付(うけつ)け」「受(う)け付(つ)け」、
申込(もうしこみ)は「申込(もうしこ)み」「申(もう)し込(こ)み」、
税込(ぜいこみ)は「税込(ぜいこ)み」とも書(か)きます。

読みながら書きましょう

申込(もうしこみ)
込(こ)める
示(しめ)す
指示(しじ)

読む問題

❶ (1)申込書(しょ)は(2)受付に出(だ)してください。 (1)＿＿ (2)＿＿

❷ コンテストに出(で)て、私(わたし)の実力(じつりょく)を(3)示したい。 (3)＿＿

❸ (4)制服のボタンが取(と)れたので(5)付けた。 (4)＿＿ (5)＿＿

❹ 料金(りょうきん)は(6)税込で1万円(まんえん)ちょうどです。 (6)＿＿

❺ 先生(せんせい)の(7)指示でJLPTに(8)申し(9)込んだ。 (7)＿＿ (8)＿＿ (9)＿＿

書く問題

❶ 娘(むすめ)はA高校(こうこう)の(1)せいふくに興味(きょうみ)を(2)しめしている。 (1)＿＿ (2)＿＿

❷ 子(こ)どもたちが心(こころ)を(3)こめて書(か)いた手紙(てがみ)を(4)うけとった。 (3)＿＿ (4)＿＿

❸ 山田(やまだ)と(5)もうしますが、川口課長(かわぐちかちょう)はいらっしゃいますか。 (5)＿＿

❹ (6)うけいれる学生(がくせい)の数(かず)には(7)せいげんがある。 (6)＿＿ (7)＿＿

Unit 11 準備・受付

必要

必要なものはここに
書いてあるので
確認してください。

会の規則は必ず
守ってください。

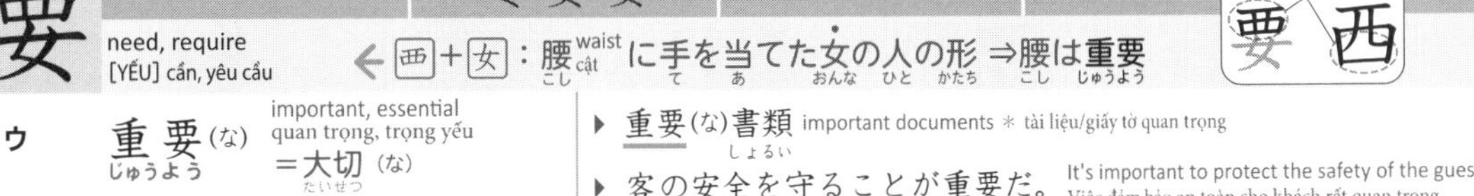

624 **要** 一 ㄧ 冂 覀 覀 西 要 要 要 9画

need, require
[YẾU] cần, yêu cầu
← 西＋女：腰 waist cật に手を当てた女の人の形 ⇒ 腰は重要

ちがう 要 西

ヨウ 重要(な) じゅうよう important, essential quan trọng, trọng yếu ＝大切(な)

▸ 重要(な)書類 important documents ＊ tài liệu/giấy tờ quan trọng
▸ 客の安全を守ることが重要だ。 It's important to protect the safety of the guests. Việc đảm bảo an toàn cho khách rất quan trọng.

N4 **重** ジュウ：重要(な) かくにん 重い、重ねる

625 **必** 丶 ソ 义 义 必 5画

surely
[TẤT] hẳn, ắt hẳn, nhất định phải thế
← ※→※ ❶書き方注意

かなら-ず 必ず surely, cetainly, always chắc chắn, nhất định ＝絶対に

ヒツ 必要(な) necessary, requisite, essential cần thiết

▸ パスポートを必ず持ってきてください。 Be sure to bring your passport. Nhất định anh phải mang hộ chiếu đến đây.
▸ 生活に必要なものを買う。 to buy daily necessities/commodities Tôi mua những vật dụng cần thiết cho công việc.
▸ そんな質問に答える必要はない。 You don't have to answer such a question. Không cần phải trả lời câu hỏi như vậy.

626 **規** 一 二 キ 夫 夫 扣 扣 担 担 規 規 11画

compass, norms
[QUY,QUI] cái compa để vẽ hình tròn, tiêu chuẩn
← 夫 大人の男の人＋見：りっぱな大人を見て手本 model hình mẫu にする

キ 規則 (↓)

627 **則** 丨 冂 冃 月 目 貝 貝 則 則 9画

rule
[TẮC] khuôn phép phải theo
← 貝 深いなべ deep pan nồi có đáy sâu の形＋刂 刀 sword gươm：なべの横には刀、AにはBというきまり

ソク 規則 rule, regulations quy tắc, quy định

▸ 規則(＝きまり、ルール)を守る to follow the rules ＊ tuân thủ quy tắc
▸ 規則正しい生活を送る to keep regular hours ＊ sống có nguyên tắc

書く練習

読みながら書きましょう

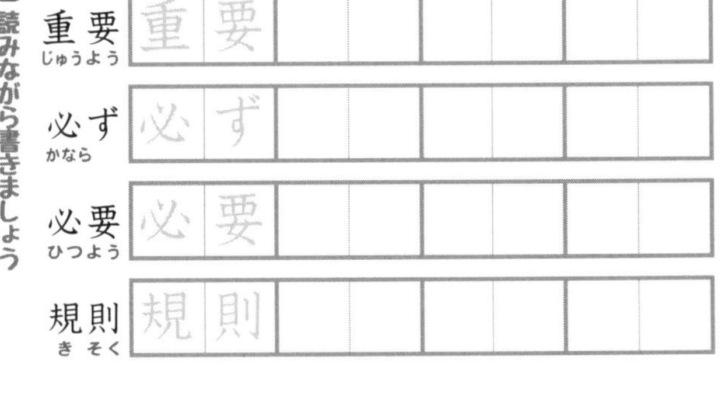

628 **確** 15画

一 丆 不 石 石 石' 石' 矿 矿 矿 砟 砟 碎 碓 確

sure, certain, positive
[XÁC] thật, đúng, chắc

← 石＋冖＋隹鳥（とり）：石（いし）のようにかたい ⇒しっかりして間違（まちが）いがない

たし-か	確（たし）か（な）	sure, certain, positive đúng, chắc chắn	▶「それは確かですか。」「はい、確かです。」"Are you sure?" "Yes, I'm sure." "Có chắc chắn như vậy không?" "Vâng, chắc chắn."
たし-かめる	確（たし）かめる	to check/confirm/verify xác nhận, xác thực	▶ 確かにここに財布（さいふ）を置（お）いた。I'm sure that I put my wallet here. Chắc chắn là tôi đã để ví ở đây.
カク	正確（せいかく）（な）	accurate, correct, exact chính xác	▶ うわさが本当（ほんとう）か確かめる to see if the rumor is true xác minh tin đồn có đúng sự thật không
	確実（かくじつ）（な）	sure, reliable, accurate chắc chắn, xác thực	▶ この時計（とけい）は正確です。This watch is accurate. ＊ Đồng hồ này chạy đúng.

▶ 見（み）たことを正確に記録（きろく）する to record exactly what you see ghi lại chính xác những gì đã nhìn thấy

▶ 確実な方法（ほうほう） reliable means/method phương pháp chắc chắn

▶ 確実に効果（こうか）がある to have a definite effect chắc chắn có hiệu quả

629 **認** 14画

丶 亠 亠 亖 言 言 言 訁 訒 訒 訒 認 認 認

admit, acknowledge
[NHẬN] chấp nhận

← 言＋刃 刀（かたな）の刃（は） edge (of a sword) lưỡi (gươm) ＋心：言（い）われたことを刃（は）のような強（つよ）い心（こころ）で受（う）ける

みと-める	認（みと）める	to accept/allow/acknowledge/admit chấp nhận, công nhận	▶ 自分（じぶん）の失敗（しっぱい）を認める to admit one's failure ＊ chấp nhận thất bại của bản thân
ニン	確認（かくにん）する	check, confimation, verification sự xác nhận	▶ 一時帰国（いちじきこく）を認める to allow a temporary return to one's home country thừa nhận thất bại của bản thân

▶ 予約（よやく）の確認をする to confirm a reservation ＊ xác nhận đặt chỗ

▶ スケジュールを確認する to check one's schedule ＊ xác nhận lịch trình

書く練習

確 確　認 認

読みながら書きましょう

確（たし）かめる　確 か め る

正確（せいかく）　正 確

確実（かくじつ）　確 実

認（みと）める　認 め る

確認（かくにん）　確 認

読む問題

❶ 話（はな）し合（あ）いの結果（けっか）、寮※の(1)規則（きそく）を変（か）えることになった。 (1)＿＿＿＿

※寮 dormitory ＊ ký túc xá

❷ 明日（あす）の会議（かいぎ）はとても(2)重要なので、(3)必ず出席（しゅっせき）してください。 (2)＿＿＿＿ (3)＿＿＿＿

❸ この技術（ぎじゅつ）は、将来（しょうらい）(4)確実に(5)必要になる。 (4)＿＿＿＿ (5)＿＿＿＿

❹ 研究員（けんきゅういん）はこのデータが(6)正確ではないと(7)認めた。 (6)＿＿＿＿ (7)＿＿＿＿

書く問題

❶ 作業（さぎょう）の前に(1)かならず安全（あんぜん）を(2)かくにんしてください。 (1)＿＿＿＿ (2)＿＿＿＿

❷ 健康（けんこう）のために、毎日（まいにち）(3)きそく正（ただ）しく生活（せいかつ）することがとても(4)じゅうようです。 (3)＿＿＿＿ (4)＿＿＿＿

❸ ここに書（か）いてあることは(5)たしかですか。 (5)＿＿＿＿

❹ この試験（しけん）では、辞書（じしょ）の使用（しよう）を(6)みとめます。 (6)＿＿＿＿

これ、修理をお願いします。　終わりましたらご連絡いたします。

修理を続けるとデータが消える可能性がありますが、よろしいですか。

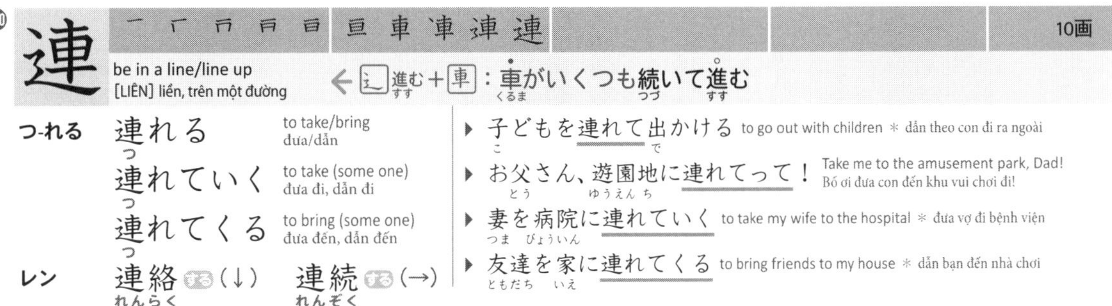

630 **連**　一 丁 万 亓 百 亘 車 車 連 連　10画

be in a line/line up
[LIÊN] liên, trên một đường
← 辶 進む＋車：車がいくつも続いて進む

つ-れる	連れる	to take/bring đưa/dẫn	▸ 子どもを連れて出かける to go out with children ＊ dẫn theo con đi ra ngoài
	連れていく	to take (some one) đưa đi, dẫn đi	▸ お父さん、遊園地に連れてって！ Take me to the amusement park, Dad! Bố ơi đưa con đến khu vui chơi đi!
	連れてくる	to bring (some one) đưa đến, dẫn đến	▸ 妻を病院に連れていく to take my wife to the hospital ＊ đưa vợ đi bệnh viện
レン	連絡 する (↓)　連続 する (→)		▸ 友達を家に連れてくる to bring friends to my house ＊ dẫn bạn đến nhà chơi

631 **絡**　く 幺 幺 糸 糸 糸 糸 紗 終 終 絡 絡　12画

tangle, connect
[LẠC] rối rắm/lộn xộn, nối lại
← 糸＋各：両側にあるもの、各一つを糸でつなぐ

ラク	連絡 する	communication, connection liên lạc	▸ 着いたら連絡してください。 Let me know when you arrive. Nếu đến nơi, hãy liên lạc cho tôi.
			▸ 彼と連絡がとれない can't get in touch with him ＊ không thể liên lạc với anh ấy

632 **修**　ノ イ 亻 仆 仆 攸 攸 修 修 修　10画

master, acquire, learn
[TU] nắm được, thu được, học được
← 亻 丨 人の背中にかけた水＋夂させる＋彡：人の見た目をきちんとする

シュウ	修理 する	repair, fixing sửa chữa, tu bổ	▸ エアコンを修理してもらう to have the air-conditionar repaired được sửa máy điều hòa cho
			▸ 車を修理に出す to send a car for repaire ＊ mang xe đi sửa

633 **能**　ム ム 亇 台 育 育 訁 能 能 能　10画

able, capable, competent
[NĂNG] có thể
← ム 力を出して働く＋月 肉＋ヒ ヒ 動物の足の形：動物のようにできる力がある

ノウ	能力	ability, capability, competence năng lực, khả năng	▸ 高いコミュニケーション能力をもつ to have strong communication skills có năng lực giao tiếp tốt
			▸ 自分の能力に合った仕事 job suitable to one's ability công việc phù hợp với năng lực bản thân

書く練習

読みながら書きましょう

634

可

一 丅 冂 可 可　5画

approve
[KHẢ] được, được phép

← 丁 曲がった道具＋口：のどを曲げて口からやっと声を出す ⇒なんとかOKする

カ	可能(な)	possible, feasible có khả năng, có thể	▶ キャンセルが可能ならお願いします。 I'd like to cancel my reservation if possible Nếu có thể hủy được, hãy cho tôi hủy.
	↔不可能(な)	impossible, unfeasible không có khả năng, không thể	▶ 解決(が)可能な問題 solvable problem ＊ vấn đề có thể giải quyết được
	可能性	possiblity, probability, chance khả năng (xảy ra)	▶ この仕事を１日でするのは不可能だ。 It's impossible to do this job in one day. Không thể làm công việc này trong một ngày được.
			▶ ＿＿の可能性がある to have a possibility/chance of ＿ ＊ có khả năng ＿
			▶ ＿＿の可能性が高い／低い to have a high/low probability of ＿ ＊ khả năng ＿ cao/thấp

635

続

く 幺 幺 糸 糸 糸 糸⁻ 糸⁺ 紆 紆 綪 綪 続　13画

continue
[TỤC] nối liền, nối tiếp

← 糸＋売：糸を売ったお金で、また糸を作って売る ⇒続く

つづ-く	続く	to continue/last tiếp diễn, tiếp tục (xảy ra)	▶ 雨の日が続く The rain/rainy days will coninue/last. ＊ những ngày mưa vẫn tiếp tục
つづ-ける	続ける	to continue, to keep on tiếp tục (làm), duy trì	▶ 次のページに続く to be continued on the next/following page ＊ giờ sang trang tiếp theo
ゾク	連続 する	series, succession liên tục, liên tiếp	▶ 研究を続ける to continue one's reserch tiếp tục nghiên cứu　▶ ２日連続で for two days in a row 2 ngày liên tiếp
			▶ 連続して／続けて 失敗する to fail in succession ＊ thất bại liên tiếp

書く練習

可 可

続 続

読みながら書きましょう

可能（かのう）　可 能

可能性（かのうせい）　可 能 性

続く（つづく）　続 く

連続（れんぞく）　連 続

読む問題

❶ だれか、すぐに駅員を(1)連れてきてください！　(1)＿＿＿＿

❷ いつか留学して自分の(2)能力を伸ばしたい。　(2)＿＿＿＿

❸ 林さんは３日(3)連続で会社を休んでいる。　(3)＿＿＿＿

❹ この仕事は会社を辞めても(4)続けることが(5)可能だ。　(4)＿＿＿＿　(5)＿＿＿＿

❺ パソコンの調子がおかしいので(6)修理に出した。　(6)＿＿＿＿

書く問題

❶ 朝始まった会議が今も(1)つづいている。　(1)＿＿＿＿

❷ このエンジンを(2)しゅうりするのは(3)ふかのうです。　(2)＿＿＿＿　(3)＿＿＿＿

❸ 東京にいる弟と(4)れんらくが取れない。　(4)＿＿＿＿

❹ 彼には人を楽しませる(5)のうりょくがある。　(5)＿＿＿＿

❺ 夫は犬を(6)つれて散歩に行きました。　(6)＿＿＿＿

6 読み方の復習

/50

もんだい1 ＿＿のことばはどう読みますか。ひらがなを□に書いてください。 (2点×6)

① 父は新しい(1)型の車を(2)選んだ。

② この(3)規則はもう50年も(4)続いているそうだ。

③ 彼は、心を(5)込めて おもちゃを(6)修理する「おもちゃのお医者さん」として有名な人物だ。

(1)	(2)
(3)	(4)
(5)	(6)

もんだい2 ＿＿のことばはどう読みますか。ひらがなを□に書いてください。 (2点×8)

① 課長「田中(たなか)君、こっちに来て、コピー機の(1)位置を変えるのを(2)手伝ってくれる？」
田中(たなか)「はい、すぐ(3)参ります。」
課長「あ、もう一人だれか(4)連れてきて。」
田中(たなか)「はい。……林(はやし)君を呼びました。」

② (会社の電話)
中村(なかむら)「はい、A社営業部でございます。」
田中(たなか)「B社の田中(たなか)と(5)申します。ヨウさんはいらっしゃいますか。」
中村(なかむら)「すみません、ただ今外出しております。(6)連絡は取れますが。」
田中(たなか)「実は、来週のイベントの件で、内容が変わる(7)可能性があるのでご相談(そうだん)をしたいのですが、ご(8)伝言をお願いできるでしょうか。」

(1)	(2)	(3)	(4)
(5)	(6)	(7)	(8)

もんだい3 ＿＿のことばはどう読みますか。ひらがなを□に書いてください。 (2点×11)

おはようございます。スピーチ大会に(1)参加する方(かた)は、こちらに集まってください。説明を始めます。今、会場は(2)準備中です。こちらでまず(3)受付をしてください。受付では、参加(4)申込のときにお知らせした申込番号が(5)必要です。申込の(6)確認が済(す)んだらここで少しお待ちください。9時半になったらステージ裏(うら)に(7)移動します。係員の(8)指示に従(したが)ってください。スピーチの(9)制限時間は一人10分です。終わったら観客席で他(ほか)の人のスピーチを聞いてもいいですが、会場には(10)静かに入ってください。ご(11)協力をよろしくお願いします。

(1)	(2)	(3)	(4)
(5)	(6)	(7)	(8)
(9)	(10)	(11)	

Unit 11

7 書き方の復習

/50

もんだい1 ＿＿は漢字とひらがなでどう書きますか。正しいほうをa･bから選んでください。（2点×6）

① 父は新しい(1)かた｛a. 形　b. 型｝の車を(2)えらんだ｛a. 選んだ　b. 絡んだ｝。

② この(3)きそく｛a. 規則　b. 規側｝はもう50年も(4)つづいて｛a. 読いて　b. 続いて｝いるそうだ。

③ 彼は、心を(5)こめて｛a. 辻めて　b. 込めて｝おもちゃを(6)しゅうり｛a. 修理　b. 終理｝する「おもちゃのお医者さん」として有名な人物だ。

もんだい2 ＿＿は漢字とひらがなでどう書きますか。□に書いてください。（2点×8）

① 課長「田中君、こっちに来て、コピー機の(1)いちを変えるのを(2)てつだってくれる？」
田中「はい、すぐ(3)まいります。」
課長「あ、もう一人だれか(4)つれてきて。」
田中「はい。……林君を呼びました。」

②（会社の電話）
中村「はい、A社営業部でございます。」
田中「B社の田中と(5)もうします。ヨウさんはいらっしゃいますか。」
中村「すみません、ただ今外出しております。(6)れんらくは取れますが。」
田中「実は、来週のイベントの件で、内容が変わる(7)かのうせいがあるのでご相談をしたいのですが、ご(8)でんごんをお願いできるでしょうか。」

(1)	(2)	(3)	(4)
(5)	(6)	(7)	(8)

もんだい3 ＿＿は漢字とひらがなでどう書きますか。□に書いてください。（2点×11）

おはようございます。スピーチ大会に(1)さんかする方は、こちらに集まってください。説明を始めます。今、会場は(2)じゅんび中です。こちらでまず(3)うけつけをしてください。うけつけでは、さんか(4)もうしこみのときにお知らせしたもうしこみ番号が(5)ひつようです。もうしこみの(6)かくにんが済んだらここで少しお待ちください。9時半になったらステージ裏に(7)いどうします。係員の(8)しじに従ってください。スピーチの(9)せいげん時間は一人10分です。終わったら観客席で他の人のスピーチを聞いてもいいですが、会場には(10)しずかに入ってください。ご(11)きょうりょくをよろしくお願いします。

(1)	(2)	(3)	(4)
(5)	(6)	(7)	(8)
(9)	(10)	(11)	

Unit 12 政治経済 Politics and Economics / Chính trị và kinh tế

1 貿易

日本の経済は、貿易によって成長してきました。他の国から輸入した原料を使って製品を作り、作った製品を輸出するのです。

昔と比べると、旅行などいろいろなサービスの貿易が多くなってきました。

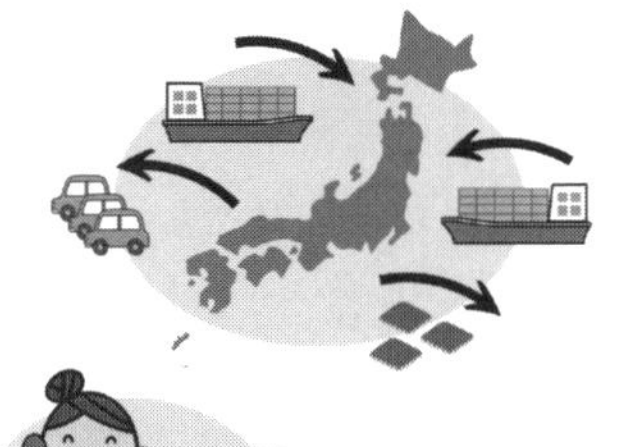

636 済 (11画)

finish/end, save
[TẾ] xong

氵水＋文＋月 ❶書き方注意：はらう／はねない

す-む	済む(す)	to finish/end / xong, kết thúc
	済ませる(す)	to finish/end / làm xong, hoàn thành
サイ (-ザイ)	経済(けいざい)	economy / kinh tế

- 朝食が済んだら（＝終わったら）出かけます。 I'm going out after breakfast. / Tôi sẽ đi ra ngoài sau khi ăn sáng xong.
- 宿題を済ませる（＝終わらせる） to finish homework ＊ làm bài tập xong
- 経済問題 economic issues ＊ vấn đề kinh tế
- 経済成長 economic growth / tăng trưởng kinh tế
- 経済的な（＝お金に関係がある）理由で学校を辞める to quit school for financial reasons / bỏ học vì lý do kinh tế
- 小さい車は経済的だ（＝他と比べてお金がかからない）。 Small cars are economical. / Xe ô tô nhỏ thì kinh tế hơn.

637 貿 (12画)

exchange, trade
[MẬU] trao đổi

卯＝卯：同じ形のものを右と左に並べる ＋貝 お金：同じ価値のものと替える

ボウ	貿易(ぼうえき) する （↓）

638 易 (8画)

exchange, easy
[DỊ, DỊCH] trao đổi, dễ dàng

日＋勿：色が変わるトカゲ lizard (con kỳ đà) の形

やさ-しい	易しい(やさ)	easy, simple / dễ ＝かんたんな
エキ	貿易(ぼうえき) する	trade, commerce / ngoại thương, thương mại

- 易しい問題 easy/simple question ＊ bài/câu dễ
- 貿易を自由化する to liberalize trade / tự do hoá thương mại
- 貿易会社 trading company / công ty thương mại

639 比 (4画)

compare
[TỶ, TÌ, BÌ] so sánh

匕＋匕：人が二人並ぶ形 ⇒比べる ❶書き方注意：はねる

くら-べる	比べる(くら)	to compare / so sánh

- 値段を比べる to compare prices ＊ so sánh giá cả
- 姉と私を比べないでください。 Please don't compare me with my sister. / Đừng so sánh tôi với chị gái.

書く練習

済 貿 易 比

読みながら書きましょう

済む(す)　経済(けいざい)　易しい(やさ)　貿易(ぼうえき)　比べる(くら)

640 **輸** 一 𠃌 ㄇ 币 百 亘 車 車' 軒 軡 輪 輸 輸 輸 輸 輸 16画

carry, transport
[THÂU] vận chuyển
← 車＋俞（へ一月刂 刀 sword / gươm）中身を刀で取る：品物を他の場所に車で運ぶ

ユ
- 輸入（ゆにゅう）する　import / nhập khẩu
- 輸出（ゆしゅつ）する　export / xuất khẩu

- ▶ ヨーロッパから家具を輸入する　to import furniture from Europe / nhập khẩu đồ gia dụng từ châu Âu
- ▶ 海外に自動車を輸出する　to export cars to overseas ＊ xuất khẩu xe ô tô sang nước ngoài
- ▶ 輸入品／輸出品　imports / exports ＊ hàng nhập khẩu/hàng xuất khẩu
- ▶ 輸入国／輸出国　importing country / exporting country ＊ nước nhập khẩu/nước xuất khẩu

641 **他** ノ イ 仂 仲 他 5画

other
[THA] khác
← 亻人＋也 ヘビ snake / con rắn の形：他の人がヘビに会う

ほか
- 他（の）（ほか）　other, another / khác

タ
- 他人（たにん）　others, other people, stranger / người khác
- その他（た/ほか）　the rest/others / ngoài ra, hơn nữa

- ▶ 他の（＝別の）店に行く　to go to another shop ＊ đi đến cửa hàng khác
- ▶ 他にすることがない　there is nothing else to do ＊ không có việc gì khác để làm
- ▶ 他人／他の人 の 意見　other people's opinions ＊ ý kiến của người khác
- ▶ りんご、いちご、その他の果物　apples, strawberries, and other fruits / táo, dâu và các loại hoa quả khác

書く練習

輸 輸　他 他

読みながら書きましょう

輸入（ゆにゅう）　輸入
輸出（ゆしゅつ）　輸出
他の（ほか）　他の
他人（たにん）　他人

読む問題

❶ 私は世界の(1)経済や(2)貿易に関心がある。　(1)＿＿＿ (2)＿＿＿

❷ 出かける前に(3)済ませたほうがいいことは(4)他にありますか。　(3)＿＿＿ (4)＿＿＿

❸ 今日のテストはいつもと(5)比べて(6)易しかった。　(5)＿＿＿ (6)＿＿＿

❹ 彼は(7)他人の意見を全く聞かない。　(7)＿＿＿

❺ 食品の(8)輸入量について調べる。　(8)＿＿＿

書く練習

❶ 自分を(1)たにんと(2)くらべるのはよくないと思う。　(1)＿＿＿ (2)＿＿＿

❷ 部屋の掃除はもう(3)すみましたか。　(3)＿＿＿

❸ 物やサービスを外国から買う「(4)ゆにゅう」や外国に売る「(5)ゆしゅつ」を「(6)ぼうえき」と言う。　(4)＿＿＿ (5)＿＿＿ (6)＿＿＿

❹ その(7)ほかに必要なものはありますか。　(7)＿＿＿

❺ この本は、日本の(8)けいざいについて子どもにもわかるように(9)やさしく書かれている。　(8)＿＿＿ (9)＿＿＿

2 変化

〇〇の変化をグラフで表します。
1月の平均は20%でしたが
2倍に増加して2月には40%となりました。
3月には減少して30%になりました。

642 **変** ' 亠 ナ 亣 亦 亦 夾 変 変 9画

change [BIẾN] thay đổi ← 亦 続く + 夂 棒でたたく：続いていたものが、たたかれて変わる

か-わる	変わる	to change/alter (bị/được) thay đổi	▸ メールアドレスが変わる to change e-address ＊ địa chỉ email được thay đổi
か-える	変える	to change/alter/modify đổi, (làm) thay đổi	▸ 信号が赤に変わる the light turns red ＊ đèn giao thông chuyển sang màu đỏ
ヘン	変(な)	strange, funny, crazy, odd lạ, kì lạ	▸ 仕事のやり方を変える to change one's working style ＊ thay đổi cách làm công việc
	大変(な)	big, tough, terrible, serious vất vả, khó khăn	▸ 変なにおいがする it smells strange ＊ có mùi lạ
			▸ 人に教えるのは大変な仕事だ。 Teaching is a hard work. Dạy cho người khác là một công việc vất vả.

643 **化** ノ イ イ' 化 4画

change [HÓA] chuyển hoá, thay đổi ← イ 立っている人の形 + ヒ 座っている人の形：人の形が変わる

カ	変化 する	change, shift, transformation biến đổi, chuyển thành	▸ 気温の変化 change in/of temprature ＊ biến đổi khí hậu
	文化	culture văn hoá	▸ 気持ちが変化している there's a change of mind/heart. ＊ tâm trạng thay đổi
			▸ 日本(の)文化 Japanese culture văn hoá Nhật Bản　▸ 文化祭 cultural festival, school festival lễ hội văn hoá

644 **均** 一 十 土 圵 均 均 均 7画

equal, even [QUÂN] như nhau ← 土 土 + 匀 平らにする：土を平らにする ⇒全部同じにする

キン	平均 する	average bình quân, trung bình	▸ 平均すると1日に7時間寝ている。 I sleep seven hours a day on average of seven hours a day. Nếu tính trung bình thì mỗi ngày tôi ngủ 7 tiếng.
			▸ テストの平均点 average test score ＊ điểm trung bình của bài kiểm tra

645 **倍** ノ イ イ' 亻' 亻' 伫 伫 倍 倍 倍 10画

double [BỘI] gấp đôi ← イ + 咅 (立 口) 二つに分ける：二つに分けると数が2倍になる

倍 ― 部 (おなじ 部分)

バイ	倍(の)	double, twofold gấp 2, gấp đôi	▸ 量が倍になる the volume/amount is doubled âm lượng/số lượng tăng lên gấp đôi
	__倍	__ times gấp __	▸ 2倍、3倍… 2 times, 3 times ... ＊ gấp 2 lần, gấp 3 lần

書く練習

変 変　化 化　均 均　倍 倍

読みながら書きましょう

変える 変える
大変 大変
変化 変化
文化 文化
平均 平均
2倍 2倍

646 **増** 一 十 ± ±' ±'' ±'' ±'' ±'' ±'' 増 増 増 増 増 14画

increase [TĂNG] tăng ← 土 土＋曽（ソ 田 日）いくつも重ねる：土を重ねて増やす

ふ-える	増える	to increase/grow/rise tăng	▸ 牛肉の輸入量が増えた。The beef imports has increased. Khối lượng nhập khẩu thịt bò đã tăng lên.
ふ-やす	増やす	to increase/gain/add gia tăng, làm tăng lên	▸ 体重が5キロ増えた。I have gained five kilogram. ＊ Tôi đã tăng 5kg.
ゾウ	増加 する	increase, rise, growth gia tăng, tăng lên	▸ 生産量を倍に増やす to double (its) production ＊ tăng sản lượng lên gấp đôi ▸ 観光客数の増加 increase in the number of tourists ＊ sự gia tăng lượng khách du lịch

647 **減** 丶 丶 氵 氵 氵 氵 氵 氵 氵 減 減 減 12画

decrease [GIẢM] giảm ← 氵水＋咸 口を閉じて止める：水の流れを止めて量を減らす

減 — 感（おなじ 感じ）

へ-る	減る	to decrease/lose/drop giảm	▸ 参加者の人数が減った。The number of participants decreased. Số người tham gia giảm xuống.
へ-らす	減らす	to reduce/decrease/lose cắt giảm	▸ 体重が減る／体重を減らす to lose weight cân nặng giảm xuống/giảm cân
ゲン	減少 する	decrease, decline, fall, drop giảm xuống	▸ 腹が減る to get hungry đói bụng ▸ 人口の減少 population decline dân số giảm

N5 **少** ショウ：多少(の) somewhat có phần, một chút　かくにん 少ない、少し

書く練習

増 増　減 減

増える ↔ 減る
増やす ↔ 減らす
増加 ↔ 減少

読みながら書きましょう

増える　増える
増加　増加
減る　減る
減少　減少

読む問題

❶ インターネットを利用して、日本(1)文化に興味を持つ人を(2)増やしたい。 (1)＿＿ (2)＿＿

❷ この町は失業者の割合が高く、全国(3)平均の2(4)倍である。 (3)＿＿ (4)＿＿

❸「(5)増加」の反対の言葉は「(6)減少」です。 (5)＿＿ (6)＿＿

❹ 住所が(7)変わると、みんなに知らせるのが(8)大変だ。 (7)＿＿ (8)＿＿

❺ ごみを(9)減らそうと努力しているが、なかなかうまくいかない。 (9)＿＿

書く練習

❶ 1年間の(1)へいきん気温の(2)へんかをグラフで表した。 (1)＿＿ (2)＿＿

❷ 食べる量が(3)へったのに体重が(4)ふえるなんて、(5)へんです。 (3)＿＿ (4)＿＿ (5)＿＿

❸ 仕事のやり方を(6)かえたら、ミスが(7)げんしょうした。 (6)＿＿ (7)＿＿

❹ 町の人口は(8)ぞうかし続けて、30年前の(9)ばいになった。 (8)＿＿ (9)＿＿

3 法律

国民が守らなければならない、
国が決めたルールを「法律」と言います。
法律は政治家が国会 the Diet Quốc hội で話し合って決めます。

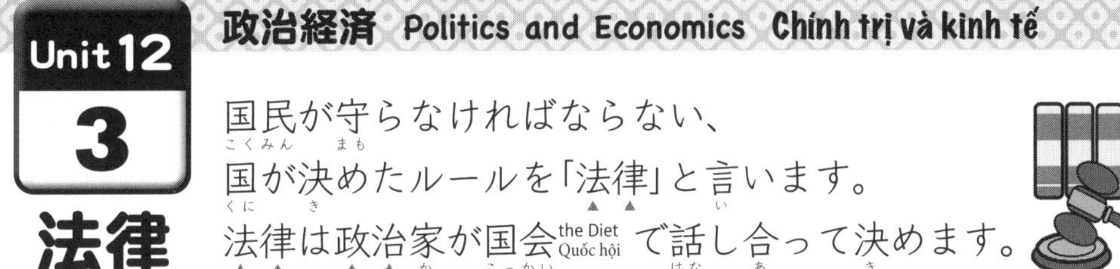

日本人はもちろん、日本にいる外国人も日本の法律を守らなければなりません。
困ったときには法律の専門家に相談しましょう。

648 **法** ` ` 氵 氵 汁 汁 法 法 法 — 8画
law [PHÁP] luật pháp ← 氵水＋去 遠くに行かせる：まわりが水の場所に行かせて行動 action/behavior hành động を制限する

- ホウ 方法 ほうほう way, method / phương pháp, cách thức
- (-ポウ) 文法 ぶんぽう grammar / ngữ pháp
- ▶ 最も効果的な方法を選ぶ to choose the most effective way / chọn phương pháp hiệu quả nhất
- ▶ 間違いをチェックする方法 error-checking method ＊ cách kiểm tra lỗi sai
- ▶ 日本語文法の参考書 reference book for Japanese grammar / sách tham khảo về ngữ pháp tiếng Nhật

649 **律** ′ ク 彳 行 行 彳 律 律 律 — 9画
rule [LUẬT] luật lệ, quy định ← 彳 行う＋聿 筆 writing brush bút lông：人間が行うことのルールを筆で書く

- リツ 法律 ほうりつ law / luật pháp
- ▶ 法律は守らなければならない。 We must obey the law. / Chúng ta phải tuân thủ luật pháp.
- ▶ 日本の法律に従う to obey/comply with the Japanese law ＊ tuân theo luật pháp Nhật Bản

650 **政** 一 T 下 正 正 正 政 政 政 — 9画
politics [CHÍNH] chính trị, công việc hành chính ← 正 正しい＋攵 させる：正しくする ⇒社会をよくする仕事

- セイ 政治 せいじ (↓)

651 **治** ` ` 氵 氵 氵 汁 治 治 治 — 8画
govern, manage [TRỊ] quản lý, điều hành ← 氵水＋台：台の上から川の水を見て流れを静かにする

- なお-る 治る なお to recover/heal, to be cured / lành, khỏi
- なお-す 治す なお to cure/heal / chữa, trị vì
- ジ 政治 せいじ politics / chính trị
- ▶ 病気が治る to recover from an illness ＊ lành bệnh, khỏi bệnh
- ▶ 傷を早く治す薬 medicine to quickly heal a wound ＊ thuốc làm lành vết thương nhanh
- ▶ 政治に関する新聞記事 newspaper article on politics ＊ bài báo liên quan đến chính trị
- ▶ 政治と金の問題 issue of money and politics / vấn đề về tiền bạc và chính trị
- ▶ 政治家 politician, statesperson / chính trị gia

書く練習

法 法 ／ 律 律 ／ 政 政 ／ 治 治

読みながら書きましょう

- 方法 ほうほう
- 文法 ぶんぽう
- 法律 ほうりつ
- 治る なお
- 政治 せいじ

652 **相** 一 十 才 木 札 机 相 相 相 9画

mutual, minister [TƯƠNG, TƯỚNG] qua lại/lần nhau, bộ trưởng ← 木 木+目：木のほうを向いて、目でよく見る

あい 相手（あいて） opponent, partner, the other person / đối tác, đối tượng

相変わらず（あいかわらず） as usual, always / vẫn luôn, vẫn vậy
=今までと変わらないで/同じで

ソウ 相談（そうだん） する （↓）

ショウ 首相（しゅしょう） prime minister / thủ tướng

▶ 話す相手／話し相手 が いない There is nobody to talk to. / không có người để nói chuyện
▶ 相手(の)チーム opposing team, the other team / đội đối thủ
▶ 結婚(する/した)相手 marriage partner / đối tượng kết hôn
▶ 貿易相手国 trading partner ＊ nước đối tác thương mại
▶ 私は相変わらず忙しいです。 I'm busy as usual. ＊ Tôi vẫn bận như mọi khi.
▶ 首相は来月、中国を訪問する予定です。 The prime minister plans/is scheduled to visit China next month. Thủ tương dự định sẽ thămTrung Quốc vào tháng tới.
▶ 田中首相 Prime Minister Tanaka ＊ Thủ tướng Tanaka

N4 **首** シュ：首都（しゅと） capital city / thủ đô　かくにん 首（くび）

653 **談** 丶 亠 亠 言 言 言 言 言 言' 訁' 訁" 訁" 訁" 談 談 15画

talk [ĐÀM] nói chuyện ← 言+火 火：火が燃える burn (lửa) cháy ようにさかんにしゃべる

ダン 相談（そうだん） する consultation, counseling / bàn bạc, tư vấn

▶ 両親に相談する to consult with one's parents ＊ bàn bạc với bố mẹ
▶ 友達の相談に乗る to listen to friend's problem ＊ lắng nghe và cho bạn lời khuyên
▶ よい相談相手になる to make a great mentor / trở thành người tư vấn (/người để tham khảo ý kiến) tốts

書く練習

相 相 / 談 談

読みながら書きましょう

相手（あいて） 相 手
相変わらず（あいかわらず） 相 変 わ ら ず
首相（しゅしょう） 首 相
相談（そうだん） 相 談

読む問題

❶ 村山さんは私の大切な(1)相談 (2)相手です。 (1)______ (2)______

❷ (3)首相は「(4)政治と金」の問題についての質問に答えた。 (3)______ (4)______

❸ 風邪を早く(5)治す(6)方法を教えてください。 (5)______ (6)______

❹ 私は(7)相変わらず日本語の(8)文法が苦手です。 (7)______ (8)______

❺ 弟は大学で(9)法律の勉強をしています。 (9)______

書く練習

❶ 足のけがが、なかなか(1)なおらない。 (1)______

❷ 兄は(2)あいかわらず(3)せいじかになりたいと言っている。 (2)______ (3)______

❸ 貿易関係の(4)ほうりつについて専門家に(5)そうだんする。 (4)______ (5)______

Unit 12 政治経済

4 国際

国際的な問題（もんだい）

A国（こく）政府の発表（はっぴょう）によると、この戦争で1万人（まんにん）を超（こ）える人（ひと）が死亡、家（いえ）が焼けて住（す）む場所（ばしょ）が無（な）くなった人（ひと）たちは数万人（すうまんにん）になるという。

際 おなじ 祭
国際（こくさい） 文化祭（ぶんかさい）
おなじ

654 際 14画

ﾞ ﾞ 阝 阝 阝 阞 阞 陘 陘 際 際 際 際 際

interact, edge
[TẾ] tương tác qua lại

← 阝 丘（おか） hill dốc, đồi ＋ 祭

サイ
- 国際（こくさい） international / quốc tế
- 国際的（こくさいてき）(な) international, cosmopolitan / mang tính quốc tế

▶ 国際経済（けいざい） the world economy / nền kinh tế thế giới
▶ 国際化（か）する to internationalize/globalize ＊ quốc tế hoá
▶ 国際関係（かんけい） international relations / quan hệ quốc tế
▶ 国際的な問題（もんだい） international problems/issues/affairs / vấn đề mang tính quốc tế
▶ 国際的に有名（ゆうめい）な画家（がか） internationally famous/renowned artist ＊ hoạ sĩ nổi tiếng tầm cỡ quốc tế

655 戦 13画

丶 丷 丷 屰 屰 肖 肖 肖 単 単 戦 戦 戦

battle
[CHIẾN] đánh nhau

← 単 ＋ 戈：昔（むかし）使（つか）われていた武器（ぶき） weapon vũ khí の形（かたち）

たたか-う
- 戦う（たたか） to fight/battle / chiến đấu, đánh nhau

セン
- 戦争（せんそう） する (↓)

▶ 強（つよ）いチームと戦って勝（か）つ to fight a strong team and win / đấu với đối thủ mạnh và giành chiến thắng
▶ 戦う相手（あいて）がいない there is no opponent ＊ không có đối thủ

656 争 6画

ノ ク ク 刍 刍 争

fight, compete
[TRANH] giành, đua nhau

← ク ＋ ヨ ＋ 亅：二人（ふたり）の手（て）が棒（ぼう）を上（うえ）と下（した）から取（と）ろうとする形（かたち）

あらそ-う
- 争う（あらそ） to compete, fight / đua, cạnh tranh, tranh giành

ソウ
- 戦争（せんそう） する war, battle, conflict / chiến tranh

▶ Aチームと優勝（ゆうしょう）を争う to play against Team A to win a chamionship / tranh chức vô địch với đội A
▶ 部屋（へや）に争った様子（ようす）は見（み）られなかった。 There were no signs of a struggle in the room. / Không nhìn thấy dấu hiệu tranh giành ở trong căn phòng.
▶ 「戦争 反対（はんたい）！」 No War! ＊ Phản đối chiến tranh!
▶ 戦争が始（はじ）まる a war breaks out / chiến tranh nổ ra
▶ 戦争中（ちゅう）の国（くに） country at war / nước đang có chiến tranh

657 焼 12画

丶 丷 火 火 火 灶 灶 炷 炷 焼 焼 焼

burn
[THIÊU] đốt

← 火 ＋ 尭（十 ＋ 丗 ＋ 儿）高い：人（ひと）が物（もの）を高（たか）く重（かさ）ねて持（も）つ形（かたち） 尭：火（ひ）が高（たか）く上（あ）がり、何（なに）かが焼（や）ける

や-ける
- 焼ける（や） to be burned/burnt, to be grilled/baked/roasted, to get tanned/sunburned / bị nướng, bị đốt, bị cháy nắng

や-く
- 焼く（や） to burn, to grill/bake/roast / nướng, đốt

▶ 火事（かじ）で家（いえ）が焼けた。 A house was burned down by fire. ＊ nhà bị cháy vì hoả hoạn
▶ 日（ひ）に焼ける to get sunburned ＊ bị rám nắng, bị cháy nắng
▶ おいしそうに焼けたステーキ nicely/deliciously roasted steak / món bò bít-tết nướng trông rất ngon
▶ ケーキを焼く to bake a cake ＊ nướng bánh
▶ 魚（さかな）を焼く to grill a fish ＊ nướng cá

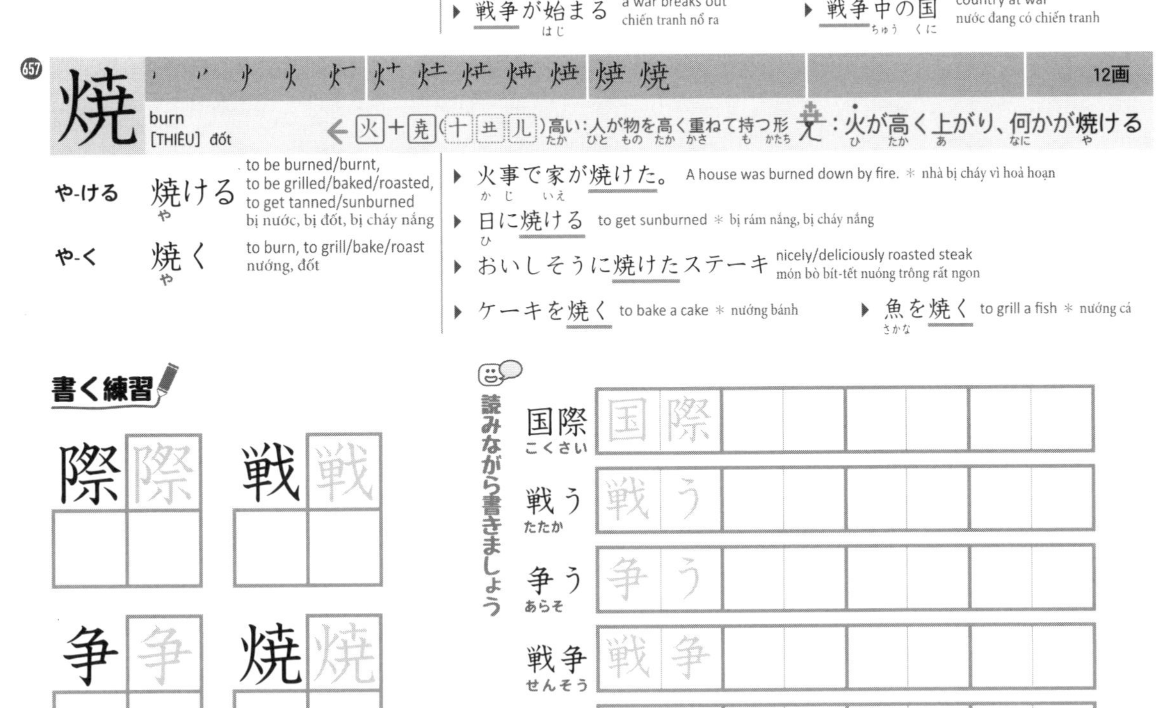

書く練習

際 戦 争 焼

読みながら書きましょう

国際（こくさい）
戦う（たたか）
争う（あらそ）
戦争（せんそう）
焼く（や）

658 **府** ' 亠 广 广 庁 庁 府 府 8画

warehouse, public/government office
[PHỦ] kho chứa, nơi làm việc của chính quyền

← 广 やね roof mái nhà + 亻 人 + 寸 手に持つ：物や人を集めておく場所

フ
- 政府(せいふ) government / chính phủ
- ＿府(ふ) ＿ prefecture / tỉnh ＿
- 都道府県(とどうふけん) prefecture / các tỉnh thành (của Nhật Bản)

▶ 政府の発表(はっぴょう)によると according to the government's announcement / theo như công bố của chính phủ
▶ 京都府(きょうと) Kyoto Prefecture ＊ tỉnh Kyoto ▶ 大阪府堺市(おおさか さかいし) Sakai City, Osaka Prefecture / thành thố Sakai, tỉnh Osaka
▶ 日本(にほん)の都道府県別人口(べつじんこう) population by prefecture in Japan ＊ dân số theo tỉnh thành của Nhật Bản

659 **亡** ' 亠 亡 3画

perish, fall, be destroyed
[VONG,VÔ] mất đi

← 亠 人 + L 見えないところに行く：人が見えなくなる ⇒ 亡くなる

な-い
- 亡(な)くなる to decease/die / mất, qua đời

ボウ
- 死亡(しぼう) する decease, death, passing / tử vong, chết

▶ 父(ちち)は私(わたし)が子(こ)どものころ亡くなりました。 My father died when I was a child. / Bố mất lúc tôi còn nhỏ.
▶ 田中(たなか)さんが病気(びょうき)で亡くなったそうです。 I hear that Mr. Tanaka died of an illness. / Nghe nói anh Tanaka đã mất vì bị bệnh.
▶ 台風(たいふう)9号(ごう)により50人以上(にんいじょう)が死亡した。 Typhoon No.9 killed more than fifty people. / Hơn 50 người chết do cơn bão số 9.
▶ 交通事故(こうつうじこ)による死亡者数(しゃすう) traffic accident fatality ＊ số người chết vì tai nạn giao thông

書く練習

府 府
亡 亡

読みながら書きましょう

政府(せいふ)	政	府						
都道府県(とどうふけん)	都	道	府	県				
亡(な)くなる	亡	く	な	る				
死亡(しぼう)	死	亡						

読む問題

❶ 祖父(そふ)は父(ちち)が生(う)まれる前(まえ)に(1)戦争で(2)亡くなったそうだ。 (1)＿＿＿ (2)＿＿＿

❷「(3)都道府県」の「都」は東京都(とうきょう)、「府」は京都府(きょうと)と大阪府(おおさか)、
「道」は北海道(ほっかい)のことです。 (3)＿＿＿

❸ 朝食(ちょうしょく)に卵(たまご)を(4)焼いて食(た)べた。 (4)＿＿＿

❹ (5)国際大会(たいかい)で世界(せかい)の選手(せんしゅ)たちと(6)戦ってみたい。 (5)＿＿＿ (6)＿＿＿

❺ 小(ち)さなことで(7)争うのはやめてください。 (7)＿＿＿

書く練習

❶ A国(こく)(1)せいふは(2)せんそうを終(お)わらせると約束(やくそく)した。 (1)＿＿＿ (2)＿＿＿

❷ (3)こくさいてきに有名(ゆうめい)な女優(じょゆう)が事故(じこ)で(4)なくなった。 (3)＿＿＿ (4)＿＿＿

❸ 他(ほか)の人(ひと)と(5)あらそったり(6)たたかったりしたくない。 (5)＿＿＿ (6)＿＿＿

❹ 今朝(けさ)の火事(かじ)で建物全体(たてものぜんたい)が(7)やけ、4名(めい)が(8)しぼうした。 (7)＿＿＿ (8)＿＿＿

5 情報

この情報は、今日発売の週刊誌で知りました。

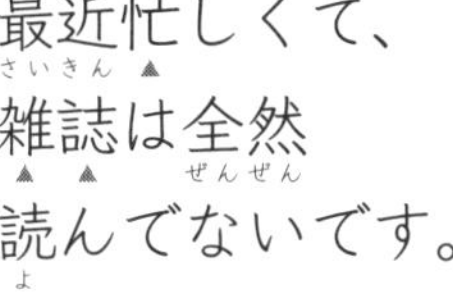

最近忙しくて、雑誌は全然読んでないです。

660 情　11画

丶 丷 忄 忙 忙 性 恃 恃 情 情 情

emotion, compassion
[TÌNH] cảm xúc

← 忄心 ＋ 青：青い空のように、汚れていないきれいな心の動き

ジョウ

- 感情（かんじょう）　feelings, emotion / tình cảm, cảm xúc
- 友情（ゆうじょう）　friendship / tình bạn, tình bằng hữu
- 事情（じじょう）　situation, circumstances, reasons / sự tình, tình trạng

- ▶ 感情を表に出す　to show one's feelings / thể hiện cảm xúc ra ngoài
- ▶ 感情的　emotional / mang tính cảm xúc, cảm tính
- ▶ 私たちの友情を深める　to deepen/strengthen our friendship / làm sâu đậm thêm tình bạn của chúng ta
- ▶ 彼女との友情を大切にする　to cherish a friendship with her ＊ trân trọng tình bạn với cô ấy
- ▶ 家庭の事情で授業を休む　to miss classes for family reasons ＊ nghỉ học vì việc gia đình
- ▶ 事情を説明する　to explain the situation ＊ giải thích tình hình

N4 友　ユウ：友人（ゆうじん）＝友達（ともだち）

661 報　12画

一 十 土 キ 击 垚 幸 幸 幸⁷ 郣 報 報

報 服（おなじ）　洋服（ようふく）

news
[BÁO] tin tức

← 幸（土 羊）＋ 𠬝

ホウ

- 情報（じょうほう）　information, news / thông tin
- 天気予報（てんきよほう）　weather foecast/report / dự báo thời tiết
- 報告（ほうこく）する　report, statement / báo cáo
- (-ポウ) 電報（でんぽう）　telegram, wire / điện báo

- ▶ インターネットで情報を集める　to collect/gather information on the Internet / thu thập thông tin bằng Internet
- ▶ 正確な情報　accurate information / thông tin chính xác
- ▶ 最新の情報　the latest information / thông tin mới nhất
- ▶ 天気予報によると、今夜は雪が降るそうだ。 According to the weather forecast, it snows tonight. ＊ Theo dự báo thời tiết, tối nay có tuyết rơi.
- ▶ 調査結果を報告する　to report the findings of the investigation ＊ báo cáo kết quả điều tra
- ▶ ＿＿についての報告書をまとめる　to compile a report on the ＿ ＊ tóm tắt bản báo cáo về ＿
- ▶ お祝いの電報を打つ　to send a telegram of congratulation ＊ đánh điện báo chúc mừng

662 忙　6画

丶 丷 忄 忄 忙 忙

busy
[MANG] bận

← 忄心 ＋ 亡：忙しいと心が亡くなる

いそが-しい

- 忙しい（いそがしい）　busy, hectic / bận

- ▶ 仕事で忙しい　to be busy at work ＊ bận vì công việc
- ▶ 会議の準備をするのに忙しい　to be busy preparing for a meeting / bận chuẩn bị cho hội nghị/cuộc họp

書く練習

情　報　忙

読みながら書きましょう

感情（かんじょう）
友情（ゆうじょう）
情報（じょうほう）
報告（ほうこく）
忙しい（いそがしい）

663 刊 一 二 干 刊 刊 5画

publish [SAN] in ấn ← 干 彫る carve khắc, đẽo + 刂 刀 sword gươm：昔は刀で木の板に字を彫って印刷した

カン
- 朝刊（ちょうかん） morning paper / tờ báo ra buổi sáng hằng ngày
  - ▶ 今日の朝刊に載っていた記事 the article in today's morning paper / Bài viết đăng trên tờ báo buổi sáng của ngày hôm nay.
- ＿刊 __ publication / ấn phẩm (phát hành mỗi tháng/ngày/…)
  - ▶ 月刊 monthly (publication) / nguyệt san (ấn phẩm phát hành hàng tháng)
  - ▶ 日刊 daily (publication) / nhật san (ấn phẩm phát hành hàng ngày)

664 誌 丶 亠 亠 言 言 言 言 言 計 計 詰 誌 誌 誌 14画

journal [CHÍ] tạp chí ← 言 + 志（士 心）心の中でこうしようと決める：心にある言葉を書いて残すもの

シ
- 週刊誌（しゅうかんし） weekly magazine / tạp chí phát hành hàng tuần
  - ▶ 週刊誌の記事 weekly magazine article ＊ bài viết đăng trên tuần san
  - ▶ この週刊誌は毎週月曜日発売です。 This weekly magazine comes out every Monday. / Tuần san này được phát hành vào thứ hai hàng tuần.

665 雑 ノ 九 九 杂 杂 杂 杂 刹 刹 刹 新 新 雑 雑 14画

miscellaneous [TẠP] hỗn tạp ← 九 服 + 木 + 隹 集める：古い服を集める⇒色や種類がいろいろある

（雑 おなじ 集 ／ おなじ 集める）

ザツ
- 複雑（ふくざつ）(な) complex, involved / phức tạp
  - ▶ この問題は非常に複雑だ。 This problem is really complex/involved. / Vấn đề này cực kỳ phức tạp.
  - ▶ 複雑な事情 complicated situation / tình hình phức tạp
  - ▶ 複雑な気持ち mixed feelings / cảm xúc hỗn độn
- 雑談（ざつだん）する chat, small talk / sự tán gẫu / nói chuyện phiếm
  - ▶ 雑談(を)する to have a chat/small talk / tán gẫu, nói chuyện phiếm
  - ▶ まんが雑誌 comic magazine / tạp chí truyện tranh

（ザッ-）
- 雑誌（ざっし） magazine, journal, periodical / tạp chí
  - ▶ 雑誌にのっている情報 the information in the magazine ＊ thông tin được đăng trên tạp chí

書く練習

刊 誌 雑

読みながら書きましょう

朝刊（ちょうかん）　週刊誌（しゅうかんし）　複雑（ふくざつ）　雑誌（ざっし）

読む問題

❶ 最近の(1)雑誌について(2)報告書にまとめた。 (1)＿＿ (2)＿＿

❷ (3)忙しくても、毎朝必ず(4)朝刊を読んでいる。 (3)＿＿ (4)＿＿

❸ この事件には(5)複雑な(6)事情があるらしい。 (5)＿＿ (6)＿＿

❹ 結婚式に(7)友人からお祝いの(8)電報が届いた。 (7)＿＿ (8)＿＿

❺ 授業の後で先生と(9)雑談をして楽しかった。 (9)＿＿

書く練習

❶ あまり(1)かんじょうてきにならずに、話し合いましょう。 (1)＿＿

❷ 二人の話を聞いて、(2)ふくざつな気持ちになった。 (2)＿＿

❸ この(3)しゅうかんしの(4)じょうほうは信じられない。 (3)＿＿ (4)＿＿

❹ (5)いそがしくて会えないが、私達の(6)ゆうじょうは変わらない。 (5)＿＿ (6)＿＿

❺ (7)てんきよほうによると、明日は暑くなるそうです。 (7)＿＿

6 読み方の復習

/50

もんだい1 ＿＿のことばはどう読みますか。ひらがなを□に書いてください。（2点×7）

① こんなに(1)複雑な計算をするのは、私(わたし)には無理です。

② 先週、この(2)週刊誌は、昨年一年間の(3)平均の(4)3倍も売れたそうです。

③ 君の学校の(5)文化祭はいつですか。

④ 祖父は、病気は(6)治ると言っていたのに、先週(7)亡くなってしまった。

(1)	(2)	(3)	(4)
(5)	(6)	(7)	

もんだい2 ＿＿のことばはどう読みますか。ひらがなを□に書いてください。（2点×6）

① 田村(たむら)(1)首相はタイで行われる(2)国際会議に出席するため、午後、東京を出発した。

② 娘(むすめ)の友達に、どうしたらうまくケーキを(3)焼けるか(4)相談されたので、(5)易しい(6)方法を教えてあげた。

(1)	(2)	(3)	(4)
(5)	(6)		

もんだい3 ＿＿のことばはどう読みますか。ひらがなを□に書いてください。（2点×12）

国内で消費する食料のうち、国内で生産したものの割合を「食料自給率(じきゅうりつ)」という。日本の食料自給率(じきゅうりつ)は現在40%以下で、これは(1)他の国と(2)比べるとかなり低い。

1945年に(3)戦争が終わり、1946年には食料自給率(じきゅうりつ)は90%近くあった。その後、少しずつ下がり、1989年には50%以下になった。これは食生活が西洋風に(4)変わり、小麦粉(こむぎこ)（国内での生産量が少ない）や、牛や豚(ぶた)などの肉類（えさ※を(5)輸入に頼(たよ)っている）の消費が(6)増えたからだ。

世界では人口の(7)増加と、作物(さくもつ)を育てる土地の(8)減少が問題になっており、将来(しょうらい)世界中で食料が不足することが予想される。日本(9)政府は、(10)政治・(11)経済のさまざまな(12)事情を考えて、日本国民の食料が不足することがないよう、食料自給率(じきゅうりつ)を上げる努力を続けている。※えさ：動物(どうぶつ)、魚(さかな)、鳥(とり)、虫(むし)などを育(そだ)てたり、つかまえたりするための食(た)べ物(もの)

(1)	(2)	(3)	(4)
(5)	(6)	(7)	(8)
(9)	(10)	(11)	(12)

7 書き方の復習

/50

もんだい1 ＿＿は漢字とひらがなでどう書きますか。正しいほうをa・bから選んでください。(2点×7)

① こんなに(1)ふくざつ｛a. 複雑　b. 復雑｝な計算をするのは、私には無理です。

② 先週、この(2)しゅうかんし｛a. 週刑誌　b. 週刊誌｝は、昨年一年間の(3)へいきん｛a. 平均　b. 平拘｝の(4)3ばい｛a. 3部　b. 3倍｝も売れたそうです。

③ 君の学校の(5)ぶんかさい｛a. 文化祭　b. 文加祭｝はいつですか。

④ 祖父は、病気は(6)なおる｛a. 治る　b. 冶る｝と言っていたのに、先週(7)なくなって｛a. 死くなって　b. 亡くなって｝しまった。

もんだい2 ＿＿は漢字とひらがなでどう書きますか。□に書いてください。(2点×6)

① 田村(1)しゅしょうはタイで行われる(2)こくさい会議に出席するため、午後、東京を出発した。

② 娘の友達に、どうしたらうまくケーキを(3)やけるか(4)そうだんされたので、(5)やさしい(6)ほうほうを教えてあげた。

(1)	(2)	(3)	(4)
(5)	(6)		

もんだい3 ＿＿は漢字とひらがなでどう書きますか。□に書いてください。(2点×12)

国内で消費する食料のうち、国内で生産したものの割合を「食料自給率」という。日本の食料自給率は現在40％以下で、これは(1)ほかの国と(2)くらべるとかなり低い。

1945年に(3)せんそうが終わり、1946年には食料自給率は90％近くあった。その後、少しずつ下がり、1989年には50％以下になった。これは食生活が西洋風に(4)かわり、小麦粉（国内での生産量が少ない）や、牛や豚などの肉類（えさを(5)ゆにゅうに頼っている）の消費が(6)ふえたからだ。

世界では人口の(7)ぞうかと、作物を育てる土地の(8)げんしょうが問題になっており、将来世界中で食料が不足することが予想される。日本(9)せいふは、(10)せいじ・(11)けいざいのさまざまな(12)じじょうを考えて、日本国民の食料が不足することがないよう、食料自給率を上げる努力を続けている。

(1)	(2)	(3)	(4)
(5)	(6)	(7)	(8)
(9)	(10)	(11)	(12)

日本語能力試験　言語知識（文字・語彙）形式

まとめテスト

/100

問題1　＿＿のことばの読み方として最もよいものを、1・2・3・4から一つえらびなさい。　（3点×12）

1　子どものバスケットボール・チームにプロの選手が教えに来てくれた。

1　せんじゅ　　2　せんしゅ　　3　せんしゅう　　4　ぜんじゅ

2　氷の表面がとけている。

1　ぴょうめん　　2　おめん　　3　ひょうめん　　4　ひょめん

3　アンケートの結果をグラフで示す。

1　しめす　　2　さす　　3　もうす　　4　あらわす

4　いつも新聞で新しい情報のチェックをしている。

1　じょほ　　2　じょうほう　　3　じょうほ　　4　じょうぽう

5　海外出張の件で、これから打ち合わせします。

1　こと　　2　よう　　3　もと　　4　けん

6　パンフレットのデザインについて、課長に相談した。

1　しょうたん　　2　しょうだん　　3　そうたん　　4　そうだん

7　台風で庭の木の枝が折れた。

1　われた　　2　きれた　　3　おれた　　4　たおれた

8　このプログラムは基本的なシステムを応用したものです。

1　おうよう　　2　いんよう　　3　こうよう　　4　しんよう

9　田中（たなか）さんが協力してくれたので、仕事がうまくいった。

1　きょうりき　　2　きょりょく　　3　きょうりょく　　4　きょりき

10　風邪（かぜ）を引いて呼吸が苦しい。

1　よきゅう　　2　こきゅ　　3　こうきゅう　　4　こきゅう

11　祖母は来週退院する予定です。

1　てんいん　　2　たいいん　　3　げんいん　　4　にゅういん

12　申込書は、どこに出せばいいですか。

1　もうしこみ　　2　もしこみ　　3　もうしこむ　　4　もうしごみ

問題 2 ＿＿のことばを漢字で書くとき、最もよいものを、１・２・３・４から一つえらびなさい。（3点×8）

1 飼(か)っている小鳥がにげた。

1 逃げた　2 跳げた　3 飛げた　4 追げた

2 ロボットはせいじょうに動いています。

1 正状　2 制状　3 正常　4 制常

3 田中(たなか)さんが京都の寺をあんないしてくれた。

1 安内　2 案内　3 寮内　4 室内

4 その話はしゅうかんしにのっていました。

1 週刊志　2 週関誌　3 週刊誌　4 週間誌

5 ミーティングの内容はしっかりきろくしてある。

1 議録　2 記録　3 議禄　4 記禄

6 森(もり)さんのけがのげんいんは何ですか。

1 元困　2 原困　3 元因　4 原因

7 学校のきそくをやぶって先生にしかられた。

1 規則　2 基則　3 規測　4 基測

8 来月、店を駅前にうつします。

1 転します　2 写します　3 動します　4 移します

問題 3 （　　）に入れるのに最もよいものを、１・２・３・４から一つえらびなさい。（4点×6）

1 金閣寺(きんかくじ)は日本の（　　　）寺として広く知られている。

1 具体的な　2 代表的な　3 専門的な　4 自動的な

2 単語を覚えるいい（　　　）があったら教えてほしい。

1 方法　2 参考　3 可能性　4 事情

3 液体の色の変化をよく（　　　）してノートに書いてください。

1 見学　2 準備　3 観察　4 面接

4 この近くは道が（　　　）なので目的地に行くのが難しいです。

1 複雑　2 非常　3 事故　4 満足

5 今の私たちのチームは、どんなに強いチームと（　　　）負けない自信がある。

1 逃げても　2 訪れても　3 防いでも　4 戦っても

6 おなかの（　　　）が変なので、トイレに行ってきます。

1 事情　2 関係　3 調子　4 能力

問題4 下線に意味が最も近いものを、1・2・3・4から一つえらびなさい。 （2点×5）

1 私はいつも地下鉄で<u>通勤します</u>。

1 勉強に行きます　2 遊びに行きます　3 出かけます　4 仕事に行きます

2 すみませんが、このリストを<u>確かめて</u>ください。

1 メールして　2 チェックして　3 コピーして　4 メモして

3 テーブルの<u>位置</u>はこれでいいですか。

1 種類　2 数　3 場所　4 形

4 新製品のカタログを<u>整理した</u>。

1 かたづけた　2 集めた　3 もらった　4 作った

5 彼との約束を<u>完全に</u>忘れていた。

1 うっかり　2 ちょっと　3 すっかり　4 やっぱり

問題5 つぎのことばの使い方として最もよいものを、1・2・3・4から一つえらびなさい。 （2点×3）

1 伝わる

1 佐藤（さとう）さんに会ったらよろしくと<u>伝わって</u>ください。
2 寒いし体のあちこちが痛い。インフルエンザが<u>伝わった</u>かもしれない。
3 会場に入れなかった人がたくさん外に<u>伝わって</u>きた。
4 先生の気持ちはクラスの学生みんなに<u>伝わった</u>と思う。

2 募集する

1 ダンスコンテストに参加する人を<u>募集します</u>。
2 妹は趣味（しゅみ）で外国の切手を<u>募集して</u>います。
3 宿題は授業の最後に<u>募集します</u>。
4 燃（も）やせないごみは毎週水曜日に<u>募集される</u>。

3 制限

1 レポートの<u>制限</u>は来週なので、まだ時間があります。
2 この道はせまいので、車のスピードが時速40キロに<u>制限</u>されている。
3 毎日がんばって働いていますが、もう体力の<u>制限</u>です。
4 このエアコンの<u>制限</u>で広い部屋全体を暖めるのは難しい。

日本語能力試験　言語知識（文字・語彙）形式

まとめテスト　第6回

/100

問題1　＿＿のことばの読み方として最もよいものを、1・2・3・4から一つえらびなさい。　（3点×12）

[1] 写真のコンテストに<u>応募</u>する。

1 おうも　2 おうぼ　3 おうもう　4 おうぼう

[2] いっしょにテニスをする<u>相手</u>がいなくてさびしい。

1 そうしゅ　2 せんしゅ　3 あいて　4 そうて

[3] どうして来られなかったのか、<u>事情</u>を話してください。

1 じじょう　2 しせい　3 じせい　4 しじょう

[4] 他に悪いところがないか、<u>検査</u>してみましょう。

1 けんさ　2 かんさ　3 けんさつ　4 かんさつ

[5] 私の１日の睡眠（すいみん）時間は、<u>平均</u>７時間くらいです。

1 へんきん　2 へいきん　3 へえきん　4 へきん

[6] アルバイトの人は、この<u>制服</u>を着てください。

1 ようふく　2 せいふく　3 ふくそう　4 ふくせい

[7] 駅で<u>困って</u>いた人に声をかけた。

1 こまって　2 おこって　3 まよって　4 どなって

[8] みんなが<u>努力</u>しているが、なかなかうまくいかない。

1 きょうりょく　2 きょうりき　3 どりょく　4 どりき

[9] 学校のプールが<u>完成</u>するのは来年になるそうだ。

1 けんちく　2 けんせつ　3 かんじょう　4 かんせい

[10] 風邪（かぜ）の流行を<u>防ぐ</u>ためにマスクをしましょう。

1 ふさぐ　2 かせぐ　3 かつぐ　4 ふせぐ

[11] いろいろあって、息子の気持ちに<u>変化</u>があったようだ。

1 へんが　2 へんけ　3 へんか　4 へんげ

[12] 入学試験の結果は大学のホームページで<u>発表</u>される。

1 はっぴょう　2 はぴょ　3 はひょう　4 はっひょう

問題2 ＿＿のことばを漢字で書くとき、最もよいものを、1・2・3・4から一つえらびなさい。（3点×8）

1 けつえきがたを教えてください。

1 血液形　　2 血液方　　3 血液刑　　4 血液型

2 パンがやけたらバターをぬって食べよう。

1 燃けたら　　2 焼けたら　　3 焦けたら　　4 煮けたら

3 毎月このざっしを買っています。

1 難志　　2 難誌　　3 雑志　　4 雑誌

4 X＋Y＝4の場合、X＝3とかていするとYは1になる。

1 仮定　　2 化定　　3 仮体　　4 化体

5 子どもにお酒を売ることは、ほうりつで禁止されています。

1 方率　　2 方律　　3 法率　　4 法律

6 この町の図書館は、今けんせつ中です。

1 建設　　2 建接　　3 健設　　4 健接

7 この工場の生産量は去年の2ばいになった。

1 倍　　2 増　　3 培　　4 僧

8 この国の人口は、少しずつげんしょうしている。

1 減小　　2 減少　　3 現小　　4 現少

問題3 （　　）に入れるのに最もよいものを、1・2・3・4から一つえらびなさい。（4点×6）

1 彼は自分は正しいと（　　　）したが、みんなに認められなかった。

1 命令　　2 注文　　3 応募　　4 主張

2 部長は腕（うで）を（　　　）何か考えているように見える。

1 引いて　　2 組んで　　3 曲げて　　4 取って

3 テレビが映らなくなってしまったので（　　　）に出した。

1 修理　　2 技術　　3 観察　　4 調子

4 ここの電灯（でんとう）は、夜、人が通ると（　　　）つきます。

1 自動的に　　2 効果的に　　3 一般的に　　4 間接的に

5 マラソン大会（　　　）のスケジュールは、ホームページで確認してください。

1 後日　　2 平日　　3 休日　　4 当日

6 明日から３日間、海外（　　　）でソウルに行きます。

1 出席　　2 出発　　3 出張　　4 出勤

問題４ 下線に意味が最も近いものを、１・２・３・４から一つえらびなさい。 (2点×5)

1 なにかいい案はありませんか。

1 ニュース　　2 イメージ　　3 アイデア　　4 システム

2 今の仕事に不満はない。

1 文句　　2 苦労　　3 楽しみ　　4 関心

3 本田(ほんだ)さんは相変わらず楽しく毎日を過ごしているそうです。

1 私と同じように　　2 私と違って
3 以前と同じように　　4 以前と違って

4 インフルエンザの場合には、当然、学校や会社を休まなければなりません。

1 やはり　　2 きちんと　　3 たぶん　　4 もちろん

5 夏休みの宿題は済みましたか。

1 始めました　　2 終わりました　　3 やってみました　　4 出しました

(2点×3)

問題５ つぎのことばの使い方として最もよいものを、１・２・３・４から一つえらびなさい。

1 指示する

1 友達に「いっしょにパーティーに行きませんか」と指示した。
2 スタッフに「皿(さら)を10枚(まい)出しておいて」と指示した。
3 店員に「このケーキを３つください」と指示した。
4 医者に「朝からずっと具合が悪いんです」と指示した。

2 効果

1 音楽には心をリラックスさせる効果があると言われている。
2 事故の効果で電車が遅れているそうだ。
3 先生が教えてくれた効果で試験に合格できました。
4 体がふらふらするのは、熱の効果だと思う。

3 移動する

1 人に風邪(かぜ)を移動させないように、マスクをしている。
2 この大きな岩は、押しても全然移動しない。
3 台風が近いせいか、木の枝が大きく移動している。
4 ここは車を止めてはいけない場所なので、移動してください。

漢字リスト Kanji List ＊ Danh mục chữ Hán

この本で紹介した漢字と言葉をリストにまとめました。漢字は画数順に並んでいます。読めるかチェックしましょう。

Kanji and words/vocabulary that are introduced in this book are put in this list. Kanji are listed in the order of stroke number. Check to see if you can read them correctly.

Tổng hợp lại những chữ Hán và từ vựng được giới thiệu trong quyển sách này. Chữ Hán được sắp xếp theo thứ tự số lượng nét. Hãy kiểm tra xem mình có thể đọc được hay không.

漢字のＩＤ番号
N4：N4レベルの漢字
N5：N5レベルの漢字
ID number for kanji characters
N4: N4 level kanji characters
N5: N5 level kanji characters
Kí hiệu ID của chữ Hán
N4: Chữ Hán thuộc trình độ N4
N5: Chữ Hán thuộc trình độ N5

499 毛 □毛 □髪の毛 □毛糸→500糸 U7-3

漢字を紹介しているユニット
The unit which covers this kanji character.
Bài học (unit) có giới thiệu chữ Hán

この漢字のページで紹介している。数字は漢字のＩＤ番号。
You find this word on the page of this kanji character.
The number indicates the ID number for this kanji.
Giới thiệu ở trang chữ Hán này. Con số là kí hiệu ID của chữ Hán.

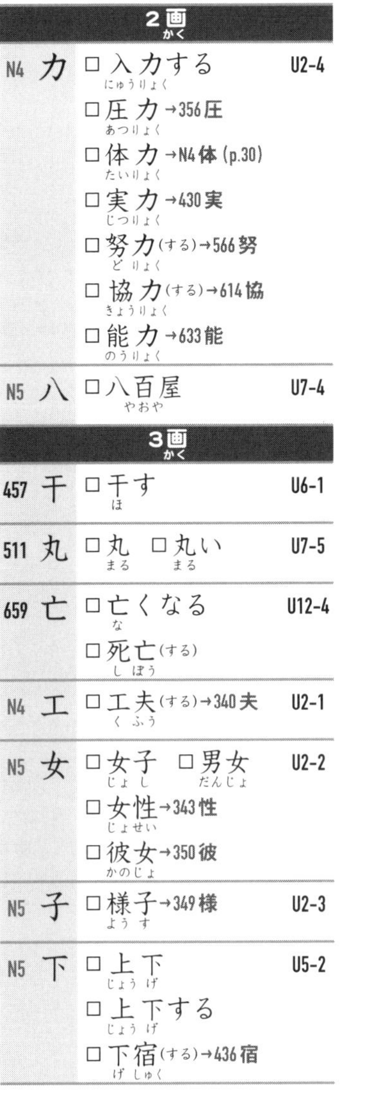

2画

N4 力 □入力する □圧力→356圧 □体力→N4体 (p.30) □実力→430実 □努力(する)→566努 □協力(する)→614協 □能力→633能 U2-4

N5 八 □八百屋 U7-4

3画

457 干 □干す U6-1

511 丸 □丸 □丸い U7-5

659 亡 □亡くなる □死亡(する) U12-4

N4 工 □工夫(する)→340夫 U2-1

N5 女 □女子 □男女 □女性→343性 □彼女→350彼 U2-2

N5 子 □様子→349様 U2-3

N5 下 □上下 □上下する □下宿(する)→436宿 U5-2

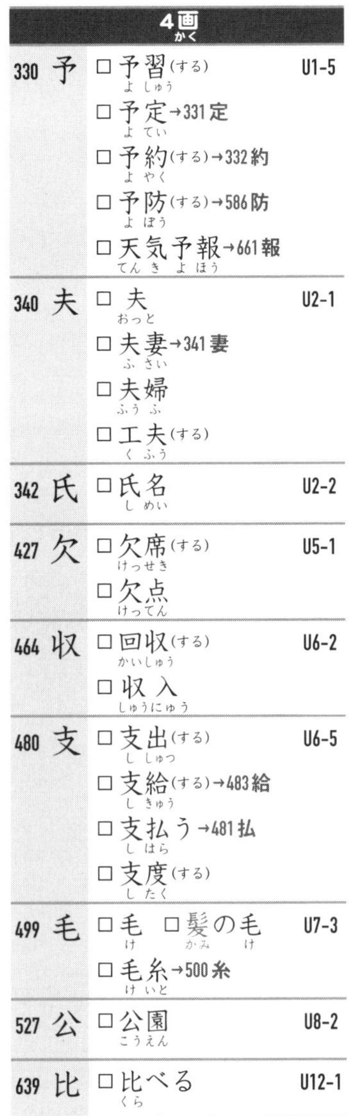

4画

330 予 □予習(する) □予定→331定 □予約(する)→332約 □予防(する)→586防 □天気予報→661報 U1-5

340 夫 □夫 □夫妻→341妻 □夫婦 □工夫(する) U2-1

342 氏 □氏名 U2-2

427 欠 □欠席(する) □欠点 U5-1

464 収 □回収(する) □収入 U6-2

480 支 □支出(する) □支給(する)→483給 □支払う→481払 □支度(する) U6-5

499 毛 □毛 □髪の毛 □毛糸→500糸 U7-3

527 公 □公園 U8-2

639 比 □比べる U12-1

643 化 □変化(する) □文化 U12-2

N4 内 □内側→418側 U4-4

N4 分 □分ける U7-1

N4 文 □注文(する) U7-2

N4 友 □友人 □友情→660情 U12-5

N5 日 □本日 □昨日／昨日 →318昨 □一昨日→318昨 □翌日→319翌 □平日→321平 □当日→565当 U1-3

N5 木 □木の葉→445葉 U5-4

N5 少 □多少(の) □減少(する)→647減 U12-2

5画

309 号 □番号 □電話番号 □信号→380信 U1-1

315 未 □未来 U1-2

No.	漢字	語	Unit
321	平	□平ら(な)（たい） □平日（へいじつ） □平均(する)（へいきん）→644均	U1-3
323	末	□末（すえ） □年末（ねんまつ） □月末（げつまつ） □週末（しゅうまつ）	U1-3
356	圧	□圧力（あつりょく） □血圧（けつあつ）→357血	U2-4
384	失	□失う（うしな） □失業(する)（しつぎょう） □失礼(な)（しつれい）→385礼 □失礼します（しつれい）→385礼 □失敗(する)（しっぱい）→395敗	U3-4
385	礼	□お礼（れい） □失礼(な)（しつれい） □失礼します（しつれい）	U3-4
409	札	□名札（なふだ） □改札（かいさつ） □（お）札（さつ）	U4-3
416	由	□自由(な)（じゆう） □理由（りゆう） □経由(する)（けいゆ）	U4-4
435	史	□歴史（れきし）	U5-2
476	包	□包む（つつ） □小包（こづつみ）	U6-4
481	払	□払う（はら） □支払う（しはら）	U6-5
517	辺	□辺り（あた） □この辺（へん）	U8-1
559	打	□打つ（う） □打ち合わせ（う あ）	U9-3
613	加	□加える（くわ） □参加(する)（さんか） □増加(する)（ぞうか）→646増	U11-2
619	付	□付く（つ） □付ける（つ） □受け付ける（う つ） □受付(する)（うけつけ）	U11-3
621	申	□申す（もう） □申し込む（もう こ）→622込 □申込(する)（もうしこみ）→622込	U11-3
622	込	□＿＿込み（こ） （サービス料込み）（りょうこ） □申し込む（もう こ） □申込(する)（もうしこみ） □税込（ぜいこみ） □込める（こ）	U11-3
623	示	□示す（しめ） □指示(する)（しじ）	U11-3
625	必	□必ず（かなら） □必要(な)（ひつよう）	U11-4
634	可	□可能(な)（かのう） □不可能(な)（ふかのう） □可能性（かのうせい）	U11-5
641	他	□他(の)（ほか） □他人（たにん） □その他（た/ほか）	U12-1
663	刊	□朝刊（ちょうかん） □＿刊（かん）（月刊、日刊）（げっかん にっかん） □週刊誌（しゅうかんし）→664誌	U12-5
N4	去	□過去（かこ）→316過	U1-2
N4	立	□独立(する)（どくりつ）→347独	U2-2
N4	広	□広告（こうこく）→504告	U7-4
N5	目	□科目（かもく）→433科 □目標（もくひょう） □目的（もくてき）→562的	U5-2
N5	外	□外科（げか）	U5-2
N5	正	□正答（せいとう） □正解(する)（せいかい）→439解 □正常(な)（せいじょう）→578常 □正確(な)（せいかく）→628確	U5-3
N5	生	□生える（は）	U5-4

6画（かく）

No.	漢字	語	Unit
311	次	□次（つぎ） □次々(と/に)（つぎつぎ） □次回（じかい） □次第に（しだい）	U1-1
313	在	□現在（げんざい） □存在(する)（そんざい）→314存	U1-2
314	存	□存在(する)（そんざい） □ご存じです（ぞん）	U1-2
322	再	□再＿＿（さい） （再利用、再試験）（さいりよう さいしけん） □再来年（さらいねん） □再来月（さらいげつ） □再来週（さらいしゅう）	U1-3
336	式	□＿式（しき） （入学式、開会式）（にゅうがくしき かいかいしき） □卒業式（そつぎょうしき）→431卒 □日本式（にほんしき）	U2-1
353	宅	□お宅（たく） □自宅（じたく） □帰宅(する)（きたく）	U2-3
357	血	□血（ち） □血圧（けつあつ） □血液（けつえき）→602液 □血液型（けつえきがた）→617型	U2-4
364	曲	□曲がる（ま） □曲げる（ま） □曲（きょく） □曲線（きょくせん）→411線	U2-5
396	交	□交通（こうつう） □交番（こうばん） □交換(する)（こうかん）→412換	U4-1
419	列	□列（れつ） □列車（れっしゃ）	U4-4
428	成	□成長(する)（せいちょう） □成績（せいせき）→429績 □完成(する)（かんせい）→573完	U5-1
447	虫	□虫（むし）	U5-4
452	全	□全く（まった） □全体（ぜんたい） □全員（ぜんいん） □安全(な)（あんぜん） □全＿＿（ぜん） （全社員、全試合）（ぜんしゃいん ぜんしあい） □全然（ぜんぜん）→518然 □全部（ぜんぶ）→568部 □完全(な)（かんぜん）→573完	U5-5
458	汗	□汗（あせ）	U6-1

No.	漢字	語彙	Unit
460	汚	□汚い（きたな） □汚れる（よご） □汚れ（よご）	U6-1
469	守	□守る（まも） □留守（るす） □留守番（るすばん）	U6-3
484	両	□両方（りょうほう） □両親（りょうしん） □両替（りょうがえ）(する)→485替	U6-5
487	各	□各地（かくち） □各国（かっこく）	U7-1
500	糸	□糸（いと） □毛糸（けいと）	U7-3
502	老	□老人（ろうじん）	U7-3
503	向	□向く（む） □＿＿向き（む） （南向き（みなみむ）、若者向き（わかものむ）） □向かう（む） □向こう（む） □方向（ほうこう）	U7-3
530	共	□共通（きょうつう）(の/する) □共同（きょうどう）(の)	U8-3
533	団	□団体（だんたい） □集団（しゅうだん）	U8-3
541	寺	□(お)寺（てら） □寺院（じいん） □＿＿寺（じ）（東大寺（とうだいじ））	U8-5
565	当	□当たる（あ） □当てる（あ） □本当（ほんとう）(の) □当日（とうじつ） □当然（とうぜん）	U9-4
576	危	□危ない（あぶ） □危険（きけん）(な)→577険	U10-1
585	仮	□仮定（かてい）(する)	U10-2
589	吸	□吸う（す） □呼吸（こきゅう）(する)	U10-3
599	件	□事件（じけん） □件（けん） □件数（けんすう） □＿件（けん）（1件（けん）、2件（けん）…）	U10-4
603	因	□原因（げんいん）	U10-5
616	伝	□伝わる（つた） □伝える（つた） □手伝う（てつだ） □伝言（でんごん）(する)	U11-2
656	争	□争う（あらそ） □戦争（せんそう）(する)	U12-4
662	忙	□忙しい（いそが）	U12-5
N4	好	□好物（こうぶつ）	U2-4
N4	池	□電池（でんち）	U4-3
N4	光	□観光（かんこう）(する)→516観	U8-1
N4	自	□自然（しぜん）→518然	U8-1
N4	同	□同時に（どうじ） □共同（きょうどう）(の)→530共	U8-3
N4	早	□早退（そうたい）(する)→551退	U9-1
N4	考	□参考（さんこう）→612参	U11-2
N5	多	□多様（たよう）(な)→349様 □多少（たしょう）(の) →N5少 (p.159)	U2-3
N5	休	□運休（うんきゅう）(する)	U4-3
N5	百	□八百屋（やおや）→N5八 (p.96)	U7-4

7画（かく）

No.	漢字	語彙	Unit
310	初	□初め（はじ） □初めて（はじ） □最初（さいしょ）	U1-1
327	冷	□冷たい（つめ） □冷える（ひ） □冷める（さ） □冷房（れいぼう） □冷蔵庫（れいぞうこ）	U1-4
333	束	□束（たば） □花束（はなたば） □約束（やくそく）(する)	U1-5
346	身	□身につける（み） □身近（みぢか）(な) □中身（なかみ） □身長（しんちょう） □出身（しゅっしん） □独身（どくしん）→347独	U2-2
351	君	□君（きみ） □＿＿君（くん）（田中君（たなかくん））	U2-3
362	投	□投げる（な）	U2-5
377	労	□苦労（くろう）(する) □ご苦労様（くろうさま）	U3-2
381	希	□希望（きぼう）(する)→382望	U3-3
388	返	□返す（かえ） □くり返す（かえ） □返事（へんじ）(する) □返信（へんしん）(する)	U3-4
389	忘	□忘れる（わす） □忘れ物（わすもの）	U3-4
408	改	□改札（かいさつ）→409札	U4-3
423	迎	□迎える（むか）	U4-5
475	局	□郵便局（ゆうびんきょく） □薬局（やっきょく）	U6-4
504	告	□広告（こうこく） □報告（ほうこく）(する)→661報	U7-4
507	豆	□豆（まめ）	U7-4
510	形	□形（かたち） □＿＿形（けい） （辞書形（じしょけい）、テ形（けい）） □人形（にんぎょう）	U7-5
524	芸	□芸術（げいじゅつ）	U8-2
553	応	□応募（おうぼ）(する) □応用（おうよう）(する)	U9-2
564	技	□技術（ぎじゅつ）	U9-4
566	努	□努力（どりょく）(する)	U9-4
572	役	□役（やく） □役者（やくしゃ） □役所（やくしょ）	U9-5
573	完	□完成（かんせい）(する) □完全（かんぜん）(な)	U9-5
580	折	□折れる（お） □折る（お）	U10-1

584 助 U10-2
- □助(たす)かる
- □助(たす)ける

586 防 U10-2
- □防(ふせ)ぐ
- □防止(ぼうし)(する)
- □消防(しょうぼう)
- □予防(よぼう)(する)

590 困 U10-3
- □困(こま)る
- □困難(こんなん)(な)→591難

608 位 U11-1
- □順位(じゅんい)
- □＿位(い)
  (1位(い)、2位(い)…)
- □位置(いち)→609置

644 均 U12-2
- □平均(へいきん)(する)

N4 体 U2-4
- □体力(たいりょく)
- □固体(こたい)→514固
- □液体(えきたい)→602液
- □団体(だんたい)→533団
- □具体的(ぐたいてき)(な)→563具

N4 売 U7-1
- □発売(はつばい)(する)
- □売店(ばいてん)
- □商売(しょうばい)(する)→686商

N5 男 U2-2
- □男子(だんし)
- □男性(だんせい)→343性
- □男女(だんじょ)→N5女 (p.26)

N5 言
- □言葉(ことば)→445葉 U5-4
- □伝言(でんごん)(する)→616伝 U11-2

N5 足 U9-4
- □満足(まんぞく)→567満
- □＿足(そく)
  (1足(そく)、2足(そく)…)

8画(かく)

324 季 U1-4
- □四季(しき)
- □季節(きせつ)→325節

331 定 U1-5
- □予定(よてい)
- □指定(してい)(する)→415指
- □固定(こてい)(する)→514固
- □仮定(かてい)(する)→585仮

341 妻 U2-1
- □妻(つま) □夫妻(ふさい)

343 性 U2-2
- □男性(だんせい) □女性(じょせい)
- □性質(せいしつ)
- □性格(せいかく)→344格
- □可能性(かのうせい)→634可

350 彼 U2-3
- □彼(かれ) □彼(かれ)ら
- □彼女(かのじょ)

363 押 U2-5
- □押(お)す
- □押(お)し入(い)れ

365 直 U2-5
- □直(なお)る □直(なお)す
- □直前(ちょくぜん) □直後(ちょくご)
- □直接(ちょくせつ)→554接
- □直線(ちょくせん)→411線
- □正直(しょうじき)(な)

376 苦 U3-2
- □苦(にが)い □苦手(にがて)(な)
- □苦(くる)しい
- □苦労(くろう)(する)→377労
- □ご苦労様(くろうさま)→377労

391 念 U3-5
- □残念(ざんねん)(な) □記念(きねん)

422 到 U4-5
- □到着(とうちゃく)(する)

430 実 U5-1
- □実力(じつりょく) □事実(じじつ)
- □実習(じっしゅう)(する)
- □実験(じっけん)(する)
- □実家(じっか)
- □確実(かくじつ)(な)→628確

431 卒 U5-1
- □卒業(そつぎょう)(する)
- □卒業式(そつぎょうしき)

440 例 U5-3
- □例(たと)えば □例(れい)

449 育 U5-4
- □育(そだ)つ □育(そだ)てる
- □教育(きょういく)(する)

465 取 U6-2
- □取(と)る
- □取(と)り替(か)える→485替
- □取(と)り消(け)す→496消
- □受(う)け取(と)る→618取

473 届 U6-3
- □届(とど)く □届(とど)ける
- □届(とどけ)

492 価 U7-2
- □物価(ぶっか)
- □価値(かち)→493値

501 若 U7-3
- □若(わか)い □若者(わかもの)

505 乳 U7-4
- □牛乳(ぎゅうにゅう)

509 油 U7-4
- □油(あぶら) □石油(せきゆ)

514 固 U7-5
- □固(かた)い □固体(こたい)
- □固定(こてい)(する)

519 泊 U8-1
- □泊(と)まる
- □＿泊(はく/ぱく)
  (1泊(ぱく)、2泊(はく)…)

529 券 U8-3
- □券(けん)

534 岸 U8-4
- □岸(きし) □海岸(かいがん)

536 波 U8-4
- □波(なみ) □電波(でんぱ)

543 昔 U8-5
- □昔(むかし)

544 岩 U8-5
- □岩(いわ) □岩石(がんせき)

562 的 U9-3
- □目的(もくてき)
- □＿的(てき)(な)
  (一般的(いっぱんてき)、専門的(せんもんてき)、自動的(じどうてき))
- □具体的(ぐたいてき)(な)→563具
- □国際的(こくさいてき)(な)→654際

563 具 U9-3
- □道具(どうぐ) □家具(かぐ)
- □具合(ぐあい)
- □具体的(ぐたいてき)(な)

574 表 U9-5
- □表(おもて) □表(あらわ)す
- □表面(ひょうめん)
- □代表(だいひょう)(する)
- □発表(はっぴょう)(する)

579 非 U10-1
- □非常(ひじょう)(の)
- □非常(ひじょう)に

588 呼 U10-3
- □呼(よ)ぶ
- □呼吸(こきゅう)(する)→589吸

No.	漢字	語彙	Unit
596	官	□警官（けいかん）／警察官（けいさつかん）	U10-4
604	果	□結果（けっか） □効果（こうか）→605効 □果物（くだもの）	U10-5
605	効	□効く（き）　□効果（こうか）	U10-5
612	参	□参る（まい）　□参考（さんこう） □参加（さんか）（する）→613加	U11-2
614	協	□協力（きょうりょく）（する）	U11-2
618	受	□受ける（う） □受け取る（う・と） □受け入れる（う・い） □受け付ける（う・つ）→619付 □受付（うけつけ）→619付	U11-3
620	制	□制限（せいげん）（する） □制服（せいふく）	U11-3
638	易	□易しい（やさ） □貿易（ぼうえき）（する）	U12-1
648	法	□方法（ほうほう）　□文法（ぶんぽう） □法律（ほうりつ）→649律	U12-3
651	治	□治る（なお）　□治す（なお） □政治（せいじ）	U12-3
658	府	□政府（せいふ） □＿＿府（ふ） （京都府（きょうとふ）、大阪府（おおさかふ）） □都道府県（とどうふけん）	U12-4
N4	夜	□夜中（よなか） □夜が明ける（よ/よる・あ） →N4明 (p.16) □深夜（しんや）→513深	U1-3
N4	明	□年が明ける（とし・あ） □夜が明ける（よ/よる・あ） □休み明け（やす・あ）	U1-3
N4	知	□通知（つうち）（する） →N4通 (p.48)	U4-1

No.	漢字	語彙	Unit
N4	歩	□歩道（ほどう） □横断歩道（おうだんほどう）→401断 □進歩（しんぽ）（する）	U4-1
N4	物	□作物（さくもつ） □荷物（にもつ）→472荷 □果物（くだもの）→604果	U6-3
N4	者	□若者（わかもの）→501若	U7-3
N4	注	□注ぐ（そそ）	U7-4
N5	学	□学ぶ（まな）	U5-2
N5	空	□空（から）（の）	U6-4

9画（かく）

No.	漢字	語彙	Unit
317	秒	□＿＿秒（びょう） （1秒（びょう）、2秒（びょう）…）	U1-2
318	昨	□昨日（さくじつ）／昨日（きのう） □一昨日（いっさくじつ） □昨夜（さくや）　□昨年（さくねん）	U1-3
332	約	□予約（よやく）（する） □約束（やくそく）（する）→333束	U1-5
335	限	□期限（きげん） □制限（せいげん）（する）→620制	U1-5
347	独	□独身（どくしん） □独立（どくりつ）（する）	U2-2
348	客	□客（きゃく） □お客様（きゃくさま）→349様 □観客（かんきゃく）→516観	U2-3
370	怒	□怒る（おこ）　□怒鳴る（どな）	U3-1
380	信	□信じる（しん）　□自信（じしん） □信号（しんごう） □返信（へんしん）（する）→388返	U3-3
387	祝	□祝う（いわ） □お祝い（いわ）（する）	U3-4
394	負	□負ける（ま） □勝負（しょうぶ）（する）	U3-5

No.	漢字	語彙	Unit
398	点	□点（てん）　□交差点（こうさてん） □点線（てんせん）→411線 □欠点（けってん）→427欠	U4-1
404	追	□追う（お） □追いかける（お） □追いつく（お） □追いこす（お）	U4-2
415	指	□指（ゆび）　□指定（してい）（する） □指示（しじ）（する）→623示	U4-4
420	飛	□飛ぶ（と）　□飛行場（ひこうじょう） □飛行機（ひこうき）→421機	U4-5
433	科	□科学（かがく）　□科目（かもく） □学科（がっか）　□外科（げか）	U5-2
444	草	□草（くさ）	U5-4
453	単	□単語（たんご）	U5-5
462	拾	□拾う（ひろ）	U6-2
471	段	□階段（かいだん）　□手段（しゅだん） □値段（ねだん）→493値	U6-3
512	浅	□浅い（あさ）	U7-5
515	厚	□厚い（あつ）	U7-5
520	泉	□温泉（おんせん）	U8-1
522	美	□美しい（うつく）　□美人（びじん） □美術館（びじゅつかん）→523術	U8-2
540	神	□神様（かみさま）　□神（かみ） □神社（じんじゃ）	U8-5
548	係	□係（かかり）　□関係（かんけい）（する）	U9-1
551	退	□早退（そうたい）（する） □退職（たいしょく）（する） □退院（たいいん）（する）	U9-1
555	面	□面白い（おもしろ） □面接（めんせつ）（する） □表面（ひょうめん）→574表	U9-2

No.	漢字	語	Unit
560	専	□専門(せんもん)	U9-3
593	逃	□逃(に)げる	U10-3
597	故	□事故(じこ)	U10-4
600	査	□調査(ちょうさ)(する) □検査(けんさ)(する)→601検	U10-5
617	型	□型(かた) □血液型(けつえきがた) □____型(がた) (新型(しんがた)、AB型(がた)、大型(おおがた)／小型(こがた))	U11-2
624	要	□重要(じゅうよう)(な) □必要(ひつよう)(な)→625必	U11-4
627	則	□規則(きそく)	U11-4
642	変	□変(か)わる □相変(あいか)わらず→652相 □変(か)える □変(へん)(な) □大変(たいへん)(な) □変化(へんか)(する)→643化	U12-2
649	律	□法律(ほうりつ)	U12-3
650	政	□政治(せいじ)→651治 □政府(せいふ)→658府	U12-3
652	相	□相手(あいて) □相変(あいか)わらず □相談(そうだん)(する)→653談 □首相(しゅしょう)	U12-3
N4	待	□期待(きたい)(する)→334期	U1-5
N4	重	□重(かさ)なる □重(かさ)ねる □重要(じゅうよう)(な)→624要	U5-5
N4	便	□便(びん)せん □郵便(ゆうびん)→474郵 □郵便局(ゆうびんきょく)→475局	U6-4
N4	度	□支度(したく)(する)→480支	U6-5
N4	乗	□乗(の)り換(か)える→412換 □乗(の)り換(か)え→412換 □乗車(じょうしゃ)(する) □乗船(じょうせん)(する)→538船 □乗馬(じょうば)→545馬	U8-3
N4	建	□建設(けんせつ)(する)→557設	U9-2
N4	首	□首都(しゅと) □首相(しゅしょう)→652相	U12-3
N5	後	□後期(こうき)→334期	U1-5

10画(かく)

No.	漢字	語	Unit
344	格	□性格(せいかく) □合格(ごうかく)(する)	U2-2
361	座	□座(すわ)る □座(ざ)ぶとん □座席(ざせき)→414席	U2-5
366	笑	□笑(わら)う □笑顔(えがお)	U3-1
369	涙	□涙(なみだ)	U3-1
371	恋	□恋(こい) □恋人(こいびと) □恋(こい)しい	U3-1
375	疲	□疲(つか)れる □お疲(つか)れ様(さま)	U3-2
390	残	□残(のこ)る □残(のこ)す □残業(ざんぎょう)(する) □残念(ざんねん)(な)→391念	U3-5
392	配	□配(くば)る □心配(しんぱい)(する) □配達(はいたつ)(する)→478達	U3-5
397	差	□差(さ) □差(さ)し上(あ)げる	U4-1
413	降	□降(お)りる □降(ふ)る □____以降(いこう)	U4-3
414	席	□席(せき) □空席(くうせき) □出席(しゅっせき)(する) □座席(ざせき) □欠席(けっせき)(する)→427欠	U4-4
424	速	□速(はや)い □速度(そくど) □速達(そくたつ)→478達	U4-5
446	根	□根(ね)／根(ね)っこ	U5-4
459	流	□流(なが)れる □流(なが)れ □流(なが)す □流行(りゅうこう)(する)	U6-1
466	容	□内容(ないよう) □容器(ようき)→467器	U6-2
468	留	□留学(りゅうがく)(する) □留学生(りゅうがくせい) □留守(るす)→469守 □留守番(るすばん)→469守	U6-3
472	荷	□荷物(にもつ)	U6-3
493	値	□値段(ねだん) □価値(かち)	U7-2
496	消	□消(き)える □消(け)す □取(と)り消(け)す □消(け)しゴム □消費(しょうひ)(する) □消火(しょうか)(する) □消防(しょうぼう)→586防	U7-2
506	酒	□(お)酒(さけ) □__酒(しゅ) (ぶどう酒(しゅ)、日本酒(にほんしゅ))	U7-4
508	原	□野原(のはら) □原料(げんりょう) □原産(げんさん)(地(ち)) □原因(げんいん)→603因	U7-4
531	般	□一般(いっぱん) □一般(いっぱん)に	U8-3
532	個	□個人(こじん) □__個(こ) (1個(こ)、2個(こ)…)	U8-3
537	島	□島(しま) □____島(とう)(バリ島(とう))	U8-4
545	馬	□馬(うま) □乗馬(じょうば)	U8-5
561	案	□案(あん) □案内(あんない)(する)	U9-3

No.	漢字	語	Unit
581	倒	□倒れる(たお) □倒す(たお)	U10-1
583	訓	□訓練(する)(くんれん) □訓読み(くんよ)	U10-2
592	息	□息(いき) □息子(むすこ)	U10-3
630	連	□連れる(つ) □連れていく(つ) □連れてくる(つ) □連絡(する)(れんらく)→631絡 □連続(する)(れんぞく)→635続	U11-5
632	修	□修理(する)(しゅうり)	U11-5
633	能	□能力(のうりょく) □可能(な)(かのう)→634可 □不可能(な)(ふかのう)→634可 □可能性(かのうせい)→634可	U11-5
645	倍	□倍(の)(ばい) □__倍(2倍、3倍…)(ばい ばい ばい)	U12-2
N4	帰	□帰宅(する)(きたく)→353宅	U2-3
N4	通	□通知(する)(つうち) □交通(こうつう)→396交 □通勤(する)(つうきん)→549勤 □共通(の/する)(きょうつう)→530共 □通り過ぎる(とおりす)→316過	U4-1

11画(かく)

No.	漢字	語	Unit
306	第	□第__(だい) (第1、第2…)(だい だい) □第__回(だい かい) (第1回、第2回…)(だい かい だい かい) □第__課(だい か)→569課 (第1課、第2課…)(だい か だい か) □次第に(しだい)→311次	U1-1
312	現	□現金(げんきん) □現在(げんざい)→313在	U1-2
319	翌	□翌日(よくじつ) □翌月(よくげつ) □翌朝(よくあさ/ちょう) □翌年(よくねん)	U1-3
338	婚	□結婚(する)(けっこん)	U2-1
339	婦	□婦人(ふじん) □主婦(しゅふ) □夫婦(ふうふ)→340夫	U2-1
354	健	□健康(な)(けんこう)→355康	U2-4
355	康	□健康(な)(けんこう)	U2-4
382	望	□希望(する)(きぼう)	U3-3
395	敗	□失敗(する)(しっぱい)	U3-5
401	断	□断る(ことわ) □横断(する)(おうだん) □横断歩道(おうだんほどう)	U4-1
403	停	□停車(する)(ていしゃ) □停止(する)(ていし) □バス停(てい) □停電(する)(ていでん)	U4-2
407	黄	□黄色(い)(きいろ)	U4-2
417	窓	□窓(まど) □窓口(まどぐち)	U4-4
418	側	□____側(がわ) (窓側、こちら側)(まどがわ がわ) □内側(うちがわ) □外側(そとがわ)	U4-4
426	授	□授業(する)(じゅぎょう)	U5-1
432	得	□得意(な)(とくい) □得(な)(とく)	U5-2
436	宿	□宿題(しゅくだい) □下宿(する)(げしゅく)	U5-2
437	球	□地球(ちきゅう) □電球(でんきゅう) □野球(やきゅう)	U5-2
438	章	□章(しょう) □文章(ぶんしょう)	U5-3
463	捨	□捨てる(す) □使い捨て(の)(つかいす)	U6-2
474	郵	□郵便(ゆうびん) □郵便局(ゆうびんきょく)→475局	U6-4
486	商	□商品(しょうひん) □商業(しょうぎょう) □商売(する)(しょうばい)	U7-1
513	深	□深い(ふか) □深夜(しんや)	U7-5
523	術	□美術館(びじゅつかん) □手術(する)(しゅじゅつ) □芸術(げいじゅつ)→524芸 □技術(ぎじゅつ)→564技	U8-2
538	船	□船(ふね) □船長(せんちょう) □乗船(する)(じょうせん)	U8-4
542	祭	□(お)祭り(まつ) □____祭(さい) (体育祭、文化祭)(たいいくさい ぶんかさい)	U8-5
550	張	□張る(は) □出張(する)(しゅっちょう) □主張(する)(しゅちょう)	U9-1
554	接	□直接(ちょくせつ) □面接(する)(めんせつ)→555面	U9-2
556	訪	□訪ねる(たず) □訪れる(おとず) □訪問(する)(ほうもん)	U9-2
557	設	□建設(する)(けんせつ) □設備(せつび)→606備	U9-2
568	部	□____部(ぶ) (営業部、水泳部)(えいぎょうぶ すいえいぶ) □部長(ぶちょう) □部分(ぶぶん) □学部(がくぶ) □全部(ぜんぶ) □部屋(へや)	U9-4
577	険	□危険(な)(きけん)	U10-1
578	常	□正常(な)(せいじょう)	U10-1
587	組	□組む(く) □組(くみ) □番組(ばんぐみ)	U10-2
602	液	□血液(けつえき) □液体(えきたい) □血液型(けつえきがた)→617型	U10-5
610	移	□移る(うつ) □移す(うつ) □移動(する)(いどう)	U11-1
626	規	□規則(きそく)→627則	U11-4
636	済	□済む(す) □済ませる(す) □経済(けいざい)	U12-1

No.	漢字	語彙	ユニット
660	情	□感情（かんじょう） □友情（ゆうじょう） □事情（じじょう）	U12-5
N4	習	□学習（がくしゅう）(する) □予習（よしゅう）(する)→330予 □復習（ふくしゅう）(する)→455復 □実習（じっしゅう）(する)→430実 □練習（れんしゅう）(する)→582練	U1-5
N4	閉	□閉（と）じる □閉会（へいかい）(する)	U2-1
N4	野	□野原（のはら）→508原 □野球（やきゅう）→437球	U7-4

12画（かく）

No.	漢字	語彙	ユニット
307	番	□＿番（ばん） □順番（じゅんばん）→308順 □番号（ばんごう）→309号 □電話番号（でんわばんごう）→309号 □交番（こうばん）→396交 □留守番（るすばん）→469守 □番組（ばんぐみ）→587組	U1-1
308	順	□順番（じゅんばん） □順（じゅん） □順位（じゅんい）→608位	U1-1
316	過	□過（す）ぎる □＿過（す）ぎ（7時過（じす）ぎ、80過（す）ぎ） □通（とお）り過（す）ぎる □過（す）ごす □過去（かこ）	U1-2
320	晩	□晩（ばん） □今晩（こんばん） □毎晩（まいばん） □晩（ばん）ご飯（はん）	U1-3
328	温	□温（あたた）かい □温（あたた）か(な) □温（あたた）める □温度（おんど） □気温（きおん） □温泉（おんせん）→520泉	U1-4
334	期	□期待（きたい）(する) □期間（きかん） □前期（ぜんき） □後期（こうき） □期限（きげん）→335限	U1-5
337	結	□結（むす）ぶ □結婚（けっこん）(する)→338婚 □結果（けっか）→604果	U2-1
352	奥	□奥（おく） □奥（おく）さん	U2-3
358	測	□測（はか）る	U2-4
367	喜	□喜（よろこ）ぶ	U3-1
368	悲	□悲（かな）しい	U3-1
373	覚	□覚（おぼ）える □覚（おぼ）えている □覚（さ）める □覚（さ）ます □感覚（かんかく）	U3-2
374	痛	□痛（いた）い □頭痛（ずつう）	U3-2
386	敬	□敬語（けいご）	U3-4
393	勝	□勝（か）つ □優勝（ゆうしょう）(する) □勝負（しょうぶ）(する)→394負	U3-5
412	換	□換（か）える □乗（の）り換（か）える □乗（の）り換（か）え □交換（こうかん）(する)	U4-3
425	遅	□遅（おそ）い □遅（おく）れる	U4-5
445	葉	□葉（は）／葉（は）っぱ □木（こ）の葉（は） □言葉（ことば）	U5-4
448	植	□植（う）える □植物（しょくぶつ） □植物園（しょくぶつえん）→526園	U5-4
455	復	□復習（ふくしゅう）(する)	U5-5
456	晴	□晴（は）れる □晴（は）れ(の)	U6-1
461	落	□落（お）ちる □落（お）ち着（つ）く □落（お）とす	U6-1
477	貯	□貯金（ちょきん）(する) □貯金箱（ちょきんばこ）→479箱	U6-4
478	達	□配達（はいたつ）(する) □速達（そくたつ） □友達（ともだち）	U6-4
483	給	□給料（きゅうりょう） □支給（しきゅう）(する)	U6-5
485	替	□替（か）わる □替（か）える □取（と）り替（か）える □買（か）い替（か）える □着替（きが）える □両替（りょうがえ）(する)	U6-5
490	量	□量（はか）る □量（りょう） □＿量（りょう）（仕事量（しごとりょう）、生産量（せいさんりょう）） □大量（たいりょう）	U7-1
491	無	□無（な）い □無理（むり）(な)	U7-1
494	割	□割（わ）れる □割（わ）る □割合（わりあい） □割引（わりびき）(する) □時間割（じかんわり）	U7-2
495	費	□費用（ひよう） □＿費（ひ）（交通費（こうつうひ）、生活費（せいかつひ）、食費（しょくひ）） □消費（しょうひ）(する)→496消	U7-2
497	税	□税金（ぜいきん） □＿税（ぜい）（自動車税（じどうしゃぜい）、消費税（しょうひぜい）） □税関（ぜいかん）→547関 □税込（ぜいこみ）→622込	U7-2
518	然	□自然（しぜん） □全然（ぜんぜん） □当然（とうぜん）→565当	U8-1
521	湯	□(お)湯（ゆ）	U8-1
525	絵	□絵（え） □絵画（かいが）	U8-2

528 遊 □遊ぶ(あそ) □遊び(あそ) U8-3
□遊園地(ゆうえんち)

535 湖 □湖(みずうみ) U8-4
□＿＿湖(こ)（びわ湖(こ)）

549 勤 □勤める(つと) U9-1
□通勤(つうきん)（する）
□出勤(しゅっきん)（する）

552 募 □募集(ぼしゅう)（する） U9-2

567 満 □満足(まんぞく)（な／する） U9-4
□不満(ふまん)（な）

601 検 □検査(けんさ)（する） U10-5

606 備 □備える(そな) U11-1
□設備(せつび)
□準備(じゅんび)（する）→607準

631 絡 □連絡(れんらく)（する） U11-5

637 貿 □貿易(ぼうえき)（する）→638易 U12-1

647 減 □減る(へ) □減らす(へ) U12-2
□減少(げんしょう)（する）

657 焼 □焼ける(や) □焼く(や) U12-4

661 報 □情報(じょうほう) U12-5
□天気予報(てんきよほう)
□報告(ほうこく)（する）
□電報(でんぽう)

N4 朝 □朝食(ちょうしょく) U1-3
□朝刊(ちょうかん)→663刊
□翌朝(よくあさ/ちょう)→319翌

N4 開 □開会(かいかい)（する） U2-1

N4 短 □短気(たんき)（な） U3-1

N4 着 □到着(とうちゃく)（する）→422到 U4-5

N4 答 □解答(かいとう)（する）→439解 U5-3
□正答(せいとう)→N5正 (p.70)

N4 集 □集中(しゅうちゅう)（する） U9-2
□募集(ぼしゅう)（する）→552募

13画(かく)

325 節 □季節(きせつ) U1-4

326 暖 □暖かい(あたた) U1-4
□暖める(あたた)
□暖房(だんぼう)

360 寝 □寝る(ね) U2-5

372 感 □感じる(かん) □感じ(かん) U3-2
□感動(かんどう)（する）
□感覚(かんかく)→373覚
□感想(かんそう)→378想

378 想 □感想(かんそう) U3-3
□想像(そうぞう)（する）→379像

399 路 □道路(どうろ) U4-1
□線路(せんろ)→411線

405 禁 □禁止(きんし)（する） U4-2

410 鉄 □地下鉄(ちかてつ) U4-3
□鉄(てつ) □鉄道(てつどう)

439 解 □正解(せいかい)（する） U5-3
□解答(かいとう)（する）
□解決(かいけつ)（する）

441 辞 □辞める(や) U5-3
□辞書(じしょ)

442 違 □違う(ちが) □違い(ちが) U5-3
□間違う(まちが)
□間違い(まちが)
□間違える(まちが)

450 数 □数(かず) □数える(かぞ) U5-5
□数学(すうがく) □数字(すうじ)
□＿＿数(すう)
（失業者数(しつぎょうしゃすう)、観客数(かんきゃくすう)）
□人数(にんずう)
□複数(ふくすう)→454複
□件数(けんすう)→599件

470 階 □＿階(かい)（1階(かい)、2階(かい)…） U6-3
□階段(かいだん)→471段

482 預 □預ける(あず) U6-5
□預かる(あず)

526 園 □動物園(どうぶつえん) U8-2
□植物園(しょくぶつえん)
□公園(こうえん)→527公
□遊園地(ゆうえんち)→528遊

570 資 □資料(しりょう) U9-5

607 準 □準備(じゅんび)（する） U11-1

609 置 □置く(お) □位置(いち) U11-1

635 続 □続く(つづ) □続ける(つづ) U11-5
□連続(れんぞく)（する）

655 戦 □戦う(たたか) U12-4
□戦争(せんそう)（する）→656争

N4 楽 □楽(らく)（な） U9-1

14画(かく)

349 様 □お客様(きゃくさま) U2-3
□＿＿様(さま)（田中様(たなかさま)）
□神様(かみさま)→540神
□お疲れ様(つかさま)→375疲
□ご苦労様(くろうさま)→377労
□様子(ようす)
□多様(たよう)（な）

359 鼻 □鼻(はな) U2-4

379 像 □想像(そうぞう)（する） U3-2

406 緑 □緑(みどり) U4-2

434 歴 □歴史(れきし)→435史 U5-2

443 疑 □疑う(うたが) U5-3
□疑問(ぎもん)

451 算 □計算(けいさん)（する） U5-5

454 複 □複数(ふくすう) U5-5

489 種 □種(たね) □種類(しゅるい) U7-1

498 製 □＿＿製(せい) U7-3
（日本製(にほんせい)、ガラス製(せい)）
□製品(せいひん)

No.	漢字	語	ユニット
547	関	□関心（かんしん） □税関（ぜいかん） □関係（かんけい）(する)→548係	U9-1
582	練	□練習（れんしゅう）(する) □訓練（くんれん）(する)→583訓	U10-2
594	察	□観察（かんさつ）(する) □警察（けいさつ）→595警	U10-4
611	静	□静（しず）か(な)	U11-1
629	認	□認（みと）める □確認（かくにん）(する)	U11-4
646	増	□増（ふ）える □増（ふ）やす □増加（ぞうか）(する)	U12-2
654	際	□国際（こくさい） □国際的（こくさいてき）(な)	U12-4
664	誌	□週刊誌（しゅうかんし）	U12-5
665	雑	□複雑（ふくざつ）(な) □雑談（ざつだん）(する) □雑誌（ざっし）	U12-5
N5	語	□語（かた）る　□物語（ものがたり）	U3-1

15画（かく）

No.	漢字	語	ユニット
329	熱	□熱（あつ）い □熱（ねつ）　□熱心（ねっしん）(な)	U1-4
400	横	□横（よこ） □横断（おうだん）(する)→401断 □横断歩道（おうだんほどう）→401断	U4-1
402	駐	□駐車（ちゅうしゃ）(する) □駐車場（ちゅうしゃじょう）	U4-2
411	線	□線（せん）　□線路（せんろ） □＿＿線（せん） (地下鉄（ちかてつ）〇〇線（せん）) □直線（ちょくせん）　□点線（てんせん） □曲線（きょくせん）	U4-3
467	器	□容器（ようき）　□楽器（がっき） □食器（しょっき）	U6-2
479	箱	□箱（はこ）　□ごみ箱（ばこ） □貯金箱（ちょきんばこ）	U6-4
569	課	□＿＿課（か） (建設課（けんせつか）、技術課（ぎじゅつか）) □課長（かちょう） □第（だい）＿課（か） (第1課（だいいっか）、第2課（だいにか）…)	U9-4
598	調	□調（しら）べる □調子（ちょうし） □調節（ちょうせつ）(する) □調査（ちょうさ）(する)→600査	U10-4
615	選	□選（えら）ぶ　□選手（せんしゅ）	U11-2
628	確	□確（たし）か(な) □確（たし）かめる □正確（せいかく）(な) □確実（かくじつ）(な)	U11-4
653	談	□相談（そうだん）(する) □雑談（ざつだん）(する)→665雑	U12-3

16画（かく）

No.	漢字	語	ユニット
421	機	□飛行機（ひこうき） □機械（きかい）　□機会（きかい）	U4-5
539	橋	□橋（はし）	U8-4
571	整	□整理（せいり）(する)	U9-5
575	録	□記録（きろく）(する)	U9-5
640	輸	□輸入（ゆにゅう）(する) □輸出（ゆしゅつ）(する)	U12-1
N4	親	□父親（ちちおや）　□母親（ははおや） □親（した）しい	U2-3
N4	薬	□薬品（やくひん） □薬局（やっきょく）→475局	U6-4
N5	頭	□頭痛（ずつう）→374痛	U3-2

17画（かく）

No.	漢字	語	ユニット
345	優	□優（やさ）しい　□女優（じょゆう） □優勝（ゆうしょう）(する)→393勝	U2-2
429	績	□成績（せいせき）	U5-1

18画（かく）

No.	漢字	語	ユニット
488	類	□書類（しょるい） □分類（ぶんるい）(する) □種類（しゅるい）→489種	U7-1
516	観	□観光（かんこう）(する) □観客（かんきゃく） □観察（かんさつ）(する)→594察	U8-1
546	職	□職業（しょくぎょう） □退職（たいしょく）(する)→551退	U9-1
591	難	□難（むずか）しい □困難（こんなん）(な)	U10-3

19画（かく）

No.	漢字	語	ユニット
383	願	□願（ねが）う □お願（ねが）いします	U3-3
595	警	□警察（けいさつ） □警官（けいかん）／警察官（けいさつかん） →596官	U10-4

20画（かく）

No.	漢字	語	ユニット
558	議	□会議（かいぎ）(する) □会議室（かいぎしつ）	U9-3

著者紹介

監修： 辻 和子

ヒューマンアカデミー日本語学校東京校 校長

『まんがで学ぶ にほんご会話』（ユニコム）、『にほんご 90 日』『ドリル＆ドリル 日本語能力試験』各シリーズ（共著・ユニコム）、『改訂版 日本語教育能力検定試験に合格するための記述式問題 40』（共著・アルク）、『つなぐにほんご』シリーズ（共著・アスク）など著書多数。

著者：白鳥 志保

JLTP 対策教材開発「庄屋」代表

筑波大学日本語・日本文化学類卒業後、数々の日本語能力試験対策書籍の制作に携る。

翻訳： 英語 横山 美代子
ベトナム語 LE CAM NHUNG（レ・カム・ニュン）

イラスト： リーカオ

カバーデザイン： ナガイ アヤコ

編集協力： 椎野 慎子

組版： りんがる舎

1日6コ覚える！ 日本語能力試験 漢字ワーク N3

2020 年 11 月 20 日 初版発行　2024 年 1 月 10 日 第 2 刷発行

［監　修］ 辻 和子
［著　者］ 白鳥 志保　2020©
［発行者］ 片岡 研
［印刷所］ シナノ書籍印刷株式会社
［発行所］ 株式会社ユニコム
Tel.03-5496-7650　Fax.03-5496-9680
〒 153-0064 東京都目黒区下目黒 1-2-22-702
http://www.unicom-lra.co.jp

ISBN 978-4-89689-511-7

漢字ワーク N3

解答

Answers
Giải đáp

強く引っぱると外せます

Pull out this separate booklet.
Giật mạnh thì có thể tháo rời ra được.

📖：**読む問題**の答え(こた)
✏：**書く問題**の答え(こた)

Unit 1

1 📖 (1)でんわばんごう (2)だいいっかい (3)さいしょ (4)つぎつぎ (5)はじ (6)じかい
✏ (1)次 (2)順番 (3)次第に (4)初めて (5)番号

2 📖 (1)げんざい (2)す (3)ぞん (4)かこ (5)みらい (6)びょう (7)す
✏ (1)秒 (2)過ぎました (3)存在 (4)現金 (5)過ごして

3 📖 (1)よくじつ (2)さい (3)ねんまつ (4)へいじつ (5)さらいげつ (6)さくや (7)こんばん (8)ちょうしょく (9)よなか
✏ (1)週末 (2)晩 (3)昨年 (4)末 (5)明け (6)再 (7)平日 (8)翌朝

4 📖 (1)だん (2)あたた (3)あたた (4)さ (5)おんど (6)れい (7)あつ (8)ねつ (9)きせつ
✏ (1)四季 (2)冷たい (3)熱心 (4)気温 (5)暖めた

5 📖 (1)きたい (2)やくそく (3)よしゅう (4)ぜんき (5)こうき (6)はなたば (7)きかん
✏ (1)約束 (2)期限 (3)予定 (4)予約

6 →p. 23 7

7 **もんだい1** (1)a (2)a (3)b (4)b (5)a
もんだい2・3 →p. 22 6

Unit 2

1 📖 (1)ふさい (2)かいかいしき (3)へいかいしき (4)くふう (5)つま (6)しゅふ (7)と (8)けっこん (9)ふうふ
✏ (1)日本式 (2)工夫 (3)結ぶ (4)夫 (5)婦人 (6)結婚

2 📖 (1)やさしい (2)だんせい (3)しめい (4)どくしん (5)せいかく (6)みぢか (7)なかみ (8)せいしつ
✏ (1)出身 (2)合格 (3)身 (4)女優 (5)身長 (6)独立

3 📖 (1)きみ (2)くん (3)かのじょ (4)きたく (5)ようす (6)かれ (7)おく (8)じたく (9)きゃく (10)ちちおや (11)した (12)さま
✏ (1)自宅 (2)奥 (3)お客様 (4)多様 (5)お宅

4 📖 (1)けつあつ (2)はか (3)にゅうりょく (4)はな (5)ち (6)こうぶつ (7)けんこう (8)たいりょく
✏ (1)鼻 (2)圧力 (3)健康 (4)血圧 (5)測った (6)血

5 📖 (1)なお (2)ね (3)お (4)しょうじき (5)きょく (6)ざ (7)すわ (8)な (9)ちょくご
✏ (1)曲がって (2)直した (3)寝る (4)直前 (5)座ります (6)投げないで (7)押す

6 →p. 35 7

7 **もんだい1** (1)a (2)b (3)b (4)a (5)b (6)a
もんだい2・3 →p. 34 6

Unit 3

1 (1)なみだ (2)よろこ (3)こいびと (4)えがお (5)たんき (6)どな (7)かな (8)ものがたり (9)わら

(1)恋しい (2)怒らないで (3)悲しくて (4)涙 (5)喜んで (6)笑って

2 (1)おぼ (2)くろう (3)にが (4)さ (5)ずつう (6)つか (7)かんかく

(1)苦しくて (2)苦手 (3)疲れた (4)痛くて (5)覚めた (6)苦労 (7)感動

3 (1)じしん (2)きぼう (3)しん (4)ねが (5)そうぞう (6)しんごう (7)かんそう

(1)信じて (2)お願い (3)希望 (4)自信 (5)想像

4 (1)わす (2)いわ (3)れい (4)へんしん (5)しつぎょう (6)うしな (7)かえ

(1)返事 (2)敬語 (3)失礼 (4)返す (5)忘れて (6)祝って

5 (1)きねんび (2)しっぱい (3)ま (4)ゆうしょう (5)のこ (6)ざんぎょう (7)くば (8)しょうぶ (9)か

(1)残念 (2)失敗 (3)心配 (4)残して (5)負けた (6)勝った

6 →p. 47 7

7 もんだい1 (1)a (2)a (3)b (4)a (5)b

もんだい2・3 →p46 6

Unit 4

1 (1)さ (2)しんぽ (3)こうつう (4)つうち (5)どうろ (6)おうだんほどう (7)こうさてん

(1)点 (2)道路 (3)横断 (4)差 (5)交通 (6)断れません (7)交番 (8)横

2 (1)お (2)きんし (3)ていでん (4)みどり (5)ちゅうしゃじょう (6)きいろ (7)ていし

(1)緑 (2)禁止 (3)停 (4)黄色い (5)追い (6)駐車

3 (1)お (2)か (3)ちかてつ (4)かいさつ (5)せん (6)うんきゅう (7)でんち (8)ふ (9)せんろ (10)てつどう (11)なふだ

(1)降って (2)地下鉄 (3)線 (4)札 (5)交換 (6)以降

4 (1)れっしゃ (2)けいゆ (3)まどがわ (4)くうせき (5)ゆび (6)せき (7)してい (8)じゆう

(1)内側 (2)理由 (3)窓口 (4)列 (5)出席 (6)指定

5 (1)きかい (2)ひこうき (3)そくど (4)とうちゃく (5)おく (6)むか (7)ひこうじょう

(1)遅い (2)迎え (3)飛んで (4)機会 (5)飛行機 (6)到着 (7)速い

6 →p. 59 7

7 もんだい1 (1)b (2)b (3)a (4)a (5)b

もんだい2・3 →p.58 6

Unit 5

1 (1)じっか (2)じゅぎょう (3)けっせき
(4)じつりょく (5)せいせき
(6)そつぎょうしき (7)じっけん
(8)じじつ (9)せいちょう

(1)授業 (2)成績 (3)卒業 (4)欠点
(5)実習

2 (1)れきし (2)とくい (3)しゅくだい
(4)がっか (5)まな (6)げしゅく
(7)でんきゅう (8)げか (9)やきゅう

(1)科学 (2)宿題 (3)得意 (4)科目
(5)地球 (6)歴史 (7)外科

3 (1)うたが (2)ぶんしょう (3)まちが
(4)せいかい (5)たと (6)や (7)ぎもん
(8)かいけつ

(1)辞書 (2)違い (3)例 (4)疑問
(5)間違い (6)文章 (7)解答

4 (1)う (2)くさ (3)は (4)むし
(5)きょういく (6)しょくぶつ (7)そだ
(8)ね (9)は (10)ことば

(1)草 (2)育ちました (3)虫 (4)葉
(5)植物 (6)根 (7)言葉 (8)教育

5 (1)たんご (2)ふくしゅう (3)けいさん
(4)まった (5)かず (6)ふくすう
(7)ぜんたい (8)あんぜん (9)にんずう
(10)かぞ (11)かさ (12)すうじ

(1)数学 (2)復習 (3)全員 (4)数えた
(5)単語 (6)複数

6 →p.77 7

7 **もんだい1** (1)b (2)a (3)a (4)b (5)b
もんだい2・3 →p.76 6

Unit 6

1 (1)は (2)ほ (3)あせ (4)なが (5)よご
(6)お (7)りゅうこう

(1)流れて (2)汚い (3)落として
(4)晴れ (5)汚れた (6)落ち着いて

2 (1)ひろ (2)ようき (3)かいしゅう
(4)と (5)す (6)しゅうにゅう

(1)楽器 (2)回収 (3)使い捨て (4)食器
(5)取って (6)内容

3 (1)るすばん (2)とどけ (3)にもつ
(4)かいだん (5)まも (6)さくもつ
(7)とど (8)りゅうがくせい

(1)手段 (2)荷物 (3)届いた (4)留守
(5)階 (6)留学 (7)守りましょう

4 (1)やっきょく (2)はこ (3)から
(4)ともだち (5)こづつみ (6)ちょきん
(7)そくたつ (8)ゆうびん

(1)配達 (2)包んで (3)箱 (4)郵便局
(5)貯金

5 (1)りょうしん (2)あず (3)したく
(4)きゅうりょう (5)か (6)はら
(7)しきゅう (8)ししゅつ (9)か

(1)両替 (2)給料 (3)支払う
(4)預かって (5)替わって

6 →p.89 7

7 **もんだい1** (1)a (2)a (3)b (4)b (5)a
(6)a
もんだい2・3 →p.88 6

Unit 7

1 (1)しょうぎょう (2)かっこく (3)むり (4)しょるい (5)わ (6)りょう (7)はか (8)ぶんるい (9)たね (10)しょうばい

(1)量 (2)無理 (3)各地 (4)商品 (5)無い (6)種類

2 (1)わりびき (2)ねだん (3)ちゅうもん (4)け (5)かち (6)ひよう (7)ぜいきん (8)しょうひ (9)わ

(1)消費税 (2)値段 (3)消して (4)割れて (5)消えて (6)物価 (7)費

3 (1)む (2)ろうじん (3)けいと (4)せい (5)わかもの (6)ほうこう (7)せいひん

(1)若い (2)向き (3)毛 (4)製 (5)糸 (6)方向

4 (1)しゅ (2)げんりょう (3)せきゆ (4)やおや (5)まめ (6)ぎゅにゅう (7)こうこく (8)あぶら (9)そそ (10)のはら

(1)酒 (2)牛乳 (3)原料 (4)広告 (5)油 (6)豆

5 (1)あさ (2)しんや (3)かた (4)にんぎょう (5)ふか (6)あつ (7)まる (8)こたい (9)けい

(1)固くて (2)丸くて (3)深い (4)浅い (5)形

6 →p. 101 7

7 もんだい1 (1)b (2)a (3)b (4)a

もんだい2・3 →p. 100 6

Unit 8

1 (1)あた (2)おんせん (3)かんこう (4)ゆ (5)はく (6)へん (7)しぜん (8)と

(1)観客 (2)温泉 (3)泊まります (4)辺 (5)湯 (6)全然 (7)辺り

2 (1)びじゅつかん (2)かいが (3)こうえん (4)うつく (5)え (6)げいじゅつか (7)しょくぶつえん (8)しゅじゅつ

(1)美しい (2)絵画 (3)美術館 (4)公園 (5)芸術 (6)絵 (7)動物園

3 (1)きょうつう (2)じょうしゃけん (3)こじん (4)いっぱん (5)しゅうだん (6)あそ (7)きょうどう

(1)一般 (2)団体 (3)個人 (4)遊園地 (5)券 (6)共通

4 (1)ふね (2)はし (3)きし (4)なみ (5)かいがん (6)みずうみ (7)こ (8)しま (9)とう (10)でんぱ

(1)海岸 (2)島 (3)橋 (4)湖 (5)波 (6)船 (7)岸

5 (1)むかし (2)うま (3)じんじゃ (4)まつ (5)じ (6)てら (7)いわ (8)さい (9)がんせき (10)じょうば (11)かみさま

(1)祭り (2)昔 (3)寺院 (4)岩 (5)馬 (6)神社 (7)神

6 →p. 113 7

7 もんだい1 (1)a (2)b (3)a (4)b (5)a

もんだい2・3 →p. 112 6

Unit 9

1 (1)つうきん (2)らく (3)かんけい
(4)しょくぎょう (5)そうたい (6)つと
(7)たいしょく (8)しゅっちょう

(1)退院 (2)職業 (3)税関 (4)係 (5)出勤
(6)主張 (7)関心

2 (1)おもしろ (2)ぼしゅう (3)たず
(4)おうよう (5)おとず (6)おうぼ
(7)けんせつ (8)めんせつ

(1)訪ねて (2)応募 (3)建設 (4)募集
(5)訪問 (6)直接

3 (1)う (2)どうぐ (3)かいぎ (4)あん
(5)もくてきち (6)う (7)ぐあい
(8)かぐ (9)せんもんてん

(1)打ち合わせ (2)具体的 (3)専門家
(4)道具 (5)会議室 (6)案内

4 (1)がくぶ (2)とうじつ (3)か
(4)ぶぶん (5)ぜんぶ (6)ほんとう
(7)へや (8)まんぞく (9)あ
(10)どりょく (11)ぎじゅつ (12)ぶ
(13)ふまん

(1)当たって (2)満足 (3)努力 (4)技術
(5)部分 (6)当然 (7)課長

5 (1)しりょう (2)やく (3)だいひょう
(4)はっぴょう (5)かんぜん (6)おもて
(7)きろく (8)せいり (9)あらわ

(1)整理 (2)完成 (3)表面 (4)市役所
(5)完全 (6)記録 (7)資料

6 →p.131 7

7 もんだい1 (1)a (2)a (3)b (4)a (5)b
もんだい2・3 →p.130 6

Unit 10

1 (1)ひじょう (2)たお (3)お
(4)せいじょう (5)あぶ

(1)倒れそう (2)危ない (3)非常
(4)危険 (5)倒して (6)折らないで
(7)正常

2 (1)ばんぐみ (2)よぼう
(3)しょうぼう (4)たす (5)くみ
(6)かてい (7)ふせ (8)れんしゅう

(1)消防 (2)組んで (3)仮定 (4)助ける
(5)訓練 (6)防ぐ

3 (1)こきゅう (2)むずか (3)こま
(4)むすこ (5)よ (6)こんなん (7)に
(8)す (9)いき

(1)困った (2)呼んで (3)逃げられて
(4)息 (5)吸って (6)難しい

4 (1)けいさつ (2)じけん (3)しら
(4)かんさつ (5)じこ (6)けいかん
(7)ちょうし (8)けん (9)ちょうせつ

(1)調べた (2)事故 (3)件 (4)調子
(5)警察官

5 (1)けつえき (2)けんさ (3)けっか
(4)くだもの (5)こうか (6)げんいん
(7)えきたい (8)き

(1)血液 (2)果物 (3)効果 (4)結果
(5)原因 (6)検査

6 →p.143 7

7 もんだい1 (1)b (2)a (3)a (4)a (5)b
(6)b (7)b
もんだい2・3 →p.142 6

Unit 11

1 📖 (1)お (2)いち (3)いどう (4)しず
(5)じゅんび (6)い (7)うつ (8)そな
✏ (1)移った (2)静か (3)置いた (4)移動
(5)準備 (6)位置 (7)移した (8)設備
(9)備えて

2 📖 (1)てつだ (2)きょうりょく
(3)さんこうしょ (4)えら (5)せんしゅ
(6)けつえきがた (7)まい (8)つた
✏ (1)参加 (2)選手 (3)協力 (4)伝言
(5)選ぶ (6)参考 (7)加えて (8)大型

3 📖 (1)もうしこみ (2)うけつけ (3)しめ
(4)せいふく (5)つ (6)ぜいこみ
(7)しじ (8)もう (9)こ
✏ (1)制服 (2)示して (3)込めて
(4)受け取った (5)申します
(6)受け入れる (7)制限

4 📖 (1)きそく (2)じゅうよう (3)かなら
(4)かくじつ (5)ひつよう (6)せいかく
(7)みと
✏ (1)必ず (2)確認 (3)規則 (4)重要
(5)確か (6)認めます

5 📖 (1)つ (2)のうりょく (3)れんぞく
(4)つづ (5)かのう (6)しゅうり
✏ (1)続いて (2)修理 (3)不可能 (4)連絡
(5)能力 (6)連れて

6 →p. 155 7

7 **もんだい1** (1)b (2)a (3)a (4)b (5)b
(6)a

もんだい2・3 →p.154 6

Unit 12

1 📖 (1)けいざい (2)ぼうえき (3)す
(4)ほか (5)くら (6)やさ (7)たにん
(8)ゆにゅう
✏ (1)他人 (2)比べる (3)済みました
(4)輸入 (5)輸出 (6)貿易 (7)他
(8)経済 (9)易しく

2 📖 (1)ぶんか (2)ふ (3)へいきん (4)ばい
(5)ぞうか (6)げんしょう (7)か
(8)たいへん (9)へ
✏ (1)平均 (2)変化 (3)減った (4)増える
(5)変 (6)変えた (7)減少 (8)増加 (9)倍

3 📖 (1)そうだん (2)あいて (3)しゅしょう
(4)せいじ (5)なお (6)ほうほう
(7)あいか (8)ぶんぽう (9)ほうりつ
✏ (1)治らない (2)相変わらず
(3)政治家 (4)法律 (5)相談

4 📖 (1)せんそう (2)な (3)とどうふけん
(4)や (5)こくさい (6)たたか
(7)あらそ
✏ (1)政府 (2)戦争 (3)国際的
(4)亡くなった (5)争ったり
(6)戦ったり (7)焼け (8)死亡

5 📖 (1)ざっし (2)ほうこくしょ (3)いそが
(4)ちょうかん (5)ふくざつ (6)じじょう
(7)ゆうじん (8)でんぽう (9)ざつだん
✏ (1)感情的 (2)複雑 (3)週刊誌 (4)情報
(5)忙しくて (6)友情 (7)天気予報

6 →p. 167 7

7 **もんだい1** (1)a (2)b (3)a (4)b (5)a
(6)a (7)b

もんだい2・3 →p. 166 6

まとめテストの答え

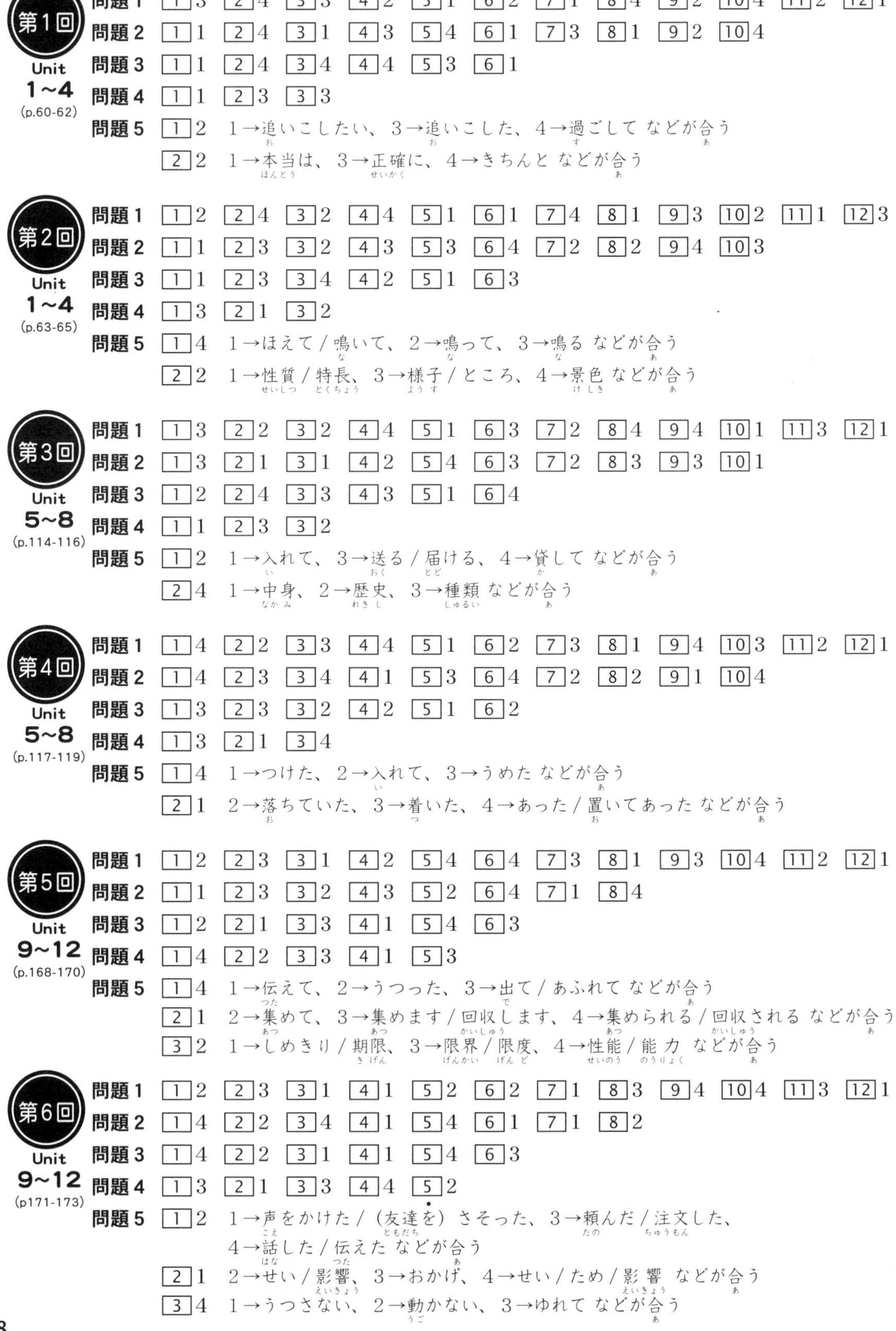

第1回 Unit 1~4 (p.60-62)

問題1 [1]3 [2]4 [3]3 [4]2 [5]1 [6]2 [7]1 [8]4 [9]2 [10]4 [11]2 [12]1

問題2 [1]1 [2]4 [3]1 [4]3 [5]4 [6]1 [7]3 [8]1 [9]2 [10]4

問題3 [1]1 [2]4 [3]4 [4]4 [5]3 [6]1

問題4 [1]1 [2]3 [3]3

問題5 [1]2 1→追いこしたい、3→追いこした、4→過ごして などが合う

[2]2 1→本当は、3→正確に、4→きちんと などが合う

第2回 Unit 1~4 (p.63-65)

問題1 [1]2 [2]4 [3]2 [4]4 [5]1 [6]1 [7]4 [8]1 [9]3 [10]2 [11]1 [12]3

問題2 [1]1 [2]3 [3]2 [4]3 [5]3 [6]4 [7]2 [8]2 [9]4 [10]3

問題3 [1]1 [2]3 [3]4 [4]2 [5]1 [6]3

問題4 [1]3 [2]1 [3]2

問題5 [1]4 1→ほえて/鳴いて、2→鳴って、3→鳴る などが合う

[2]2 1→性質/特長、3→様子/ところ、4→景色 などが合う

第3回 Unit 5~8 (p.114-116)

問題1 [1]3 [2]2 [3]2 [4]4 [5]1 [6]3 [7]2 [8]4 [9]4 [10]1 [11]3 [12]1

問題2 [1]3 [2]1 [3]1 [4]2 [5]4 [6]3 [7]2 [8]3 [9]3 [10]1

問題3 [1]2 [2]4 [3]3 [4]3 [5]1 [6]4

問題4 [1]1 [2]3 [3]2

問題5 [1]2 1→入れて、3→送る/届ける、4→貸して などが合う

[2]4 1→中身、2→歴史、3→種類 などが合う

第4回 Unit 5~8 (p.117-119)

問題1 [1]4 [2]2 [3]3 [4]4 [5]1 [6]2 [7]3 [8]1 [9]4 [10]3 [11]2 [12]1

問題2 [1]4 [2]3 [3]4 [4]1 [5]3 [6]4 [7]2 [8]2 [9]1 [10]4

問題3 [1]3 [2]3 [3]2 [4]2 [5]1 [6]2

問題4 [1]3 [2]1 [3]4

問題5 [1]4 1→つけた、2→入れて、3→うめた などが合う

[2]1 2→落ちていた、3→着いた、4→あった/置いてあった などが合う

第5回 Unit 9~12 (p.168-170)

問題1 [1]2 [2]3 [3]1 [4]2 [5]4 [6]4 [7]3 [8]1 [9]3 [10]4 [11]2 [12]1

問題2 [1]1 [2]3 [3]2 [4]3 [5]2 [6]4 [7]1 [8]4

問題3 [1]2 [2]1 [3]3 [4]1 [5]4 [6]3

問題4 [1]4 [2]2 [3]3 [4]1 [5]3

問題5 [1]4 1→伝えて、2→うつった、3→出て/あふれて などが合う

[2]1 2→集めて、3→集めます/回収します、4→集められる/回収される などが合う

[3]2 1→しめきり/期限、3→限界/限度、4→性能/能力 などが合う

第6回 Unit 9~12 (p171-173)

問題1 [1]2 [2]3 [3]1 [4]1 [5]2 [6]2 [7]1 [8]3 [9]4 [10]4 [11]3 [12]1

問題2 [1]4 [2]2 [3]4 [4]1 [5]4 [6]1 [7]1 [8]2

問題3 [1]4 [2]2 [3]1 [4]1 [5]4 [6]3

問題4 [1]3 [2]1 [3]3 [4]4 [5]2

問題5 [1]2 1→声をかけた/(友達を)さそった、3→頼んだ/注文した、4→話した/伝えた などが合う

[2]1 2→せい/影響、3→おかげ、4→せい/ため/影響 などが合う

[3]4 1→うつさない、2→動かない、3→ゆれて などが合う

とは難しい。千松が『けもの道の歩き方』（リトルモア）の中で、自分が狩猟を続ける理由のひとつに、「自然界の生態系の中に入っていきたい、野生動物の仲間に交ぜてもらいたいという思いがある」と明かす。自分たちに必要なものだけを獲り、淡々と狩りを続ける。「偉そうな御託は並べずに」狩猟生活を送りたいのだが、実際には「『感謝』とか『罪悪感』とかについて考えこんでしまうことが多い」そう。

命を大切にする、という標語を、私たちは皆、子供の頃から聞かされてきた。聞かされすぎて、命を知る前から慣れて、飽きてしまった。飽きてしまった標語を復活させるのは、こういうドキュメンタリーを見た時くらいのもの。今晩や明日ならば、感謝をしながら肉を食べるだろうが、明後日や明々後日くらいは、その気持ちが保たれているかどうか、なかなか怪しい。ドキュメンタリーの後半で、ある企業が手がける、遠隔操作によって「害獣」を捕まえる設備が紹介される。クリックひとつで罠の扉が閉まるようになっている。これを使えば誤って捕獲することが少なくなる、と担当者は述べる。もしこのシーンが映画の序盤に出てきたら、「うん、これはいいシステムだね」なんて思ったかもしれないが、これが後半に差し込まれているから、こういうのではなく、命ってものと直接向き合わなければ、という頭になる。

私たちの頭は都合よくできている。感謝、そして罪悪感、千松が日々揺らいでいる感情を間借りするように、鑑賞者も考え込む。生死の実感を知らないので、感謝よりも罪悪感のボリュームが大きくなる。この罪悪感を火消しに走る。死に直面した時、その死から逃避する方法を探す。今、冒頭の数段落くらいを読み返してみると、実体験を交えることで、私は「死」を知っています、というアピールにも読めなくはない。その感じに罪悪感が増す。

途中、無双網の師匠・宮本が出てきて、足を痛めている千松にスズメの捕獲方法を伝授する。地を歩いているイノシシと違い、空の流れを読まなければ捕まえることはできない。スズメが通過するのを見計らって勢いよく引っ張る。見事に大量のスズメを捕獲するのだが、網を引っ張る時に、宮本は後頭部を地面にぶつけているように見える。その映像を見た時に、自分は、「頭、痛くなかっただろうか」と心配になった。イノシシが刺され、スズメが捕獲され、それぞれ焼かれて、食われる。それよりも、宮本が頭をぶつけた痛みに実感が伴う。

なぜならば、その痛みならば知っているからである。いつだって勝手だ。今を生きている人は、誰一人として死んだことはないのだから、命が途絶えるという経験をしたことがある人はいない。想像するし、直視はする。しかしながらそれは、経験ではない。千松は、ものすごく近くで命を知り、命を味わっている。それでもまだ、ずっと揺らいでいる。この作品を見ると、自分たちも揺らぐ。この時の揺らぎは千松の揺らぎとどのように異なるのだろうか。波動そのものが違うのか、濃度が違うのか。それすら定めることができない。今、ここで見た映像は直接的なのに、死がますますわからなくなる。映し出される死が、勝手に理解するなと訴えかけているようにも見えてくる。なぜって、私たちはこの作品を見ても、すぐにまた命の実感から遠い世界に戻るはずだから。

「どつく」棒と千松さん。2008年10月18日撮。「Coyote」No.33、08年12月(スイッチ・パブリッシング)より「千松信也　捕って食べる人　people_3」

スタッフ・プロフィール

村本勝（編集・構成）

むらもと・まさる　1958年静岡県生まれ。横浜放送映画専門学院卒(現 日本映画大学)。(協)日本映画・テレビ編集協会理事。『日本鉄道員物語1987』(87)で編集者デビュー。主な作品に『アレクセイと泉』(02)、『津波のあとの時間割〜石巻・門脇小・1年の記録〜』(13)、『谷川さん、詩をひとつ 作ってください。』(14)、『60万回のトライ』(14)などドキュメンタリー映画や劇映画、放送作品を多数手がける。

松宮拓（撮影）

まつみや・たく　1975年和歌山県生まれ。NHK京都放送局カメラマン。1996年NHK入局。「ETV特集　誇りをもって 笑顔をみせて〜認知症を生きる夫婦の物語〜」「NHKスペシャル 従軍作家たちの戦争」などを担当。「ETV特集 生きると決める 何度でも 〜京都・大人たちの想い出草ノート〜」で日本映画テレビ技術協会・第69回映像技術賞を受賞。劇場公開作に『その街のこども 劇場版』(11)、『ワンダーウォール 劇場版』(20)がある。

谷川賢作（音楽）

たにかわ・けんさく　1960年東京都生まれ。作/編曲家、ピアニスト。『四十七人の刺客』(94)、『竜馬の妻とその夫と愛人』(02)、『カミハテ商店』(12)など映画音楽も多い。日本アカデミー賞優秀音楽賞を3回受賞する他、アジア太平洋映画祭最優秀音楽賞なども受賞。現代詩をうたうバンド「DiVa」や、父・谷川俊太郎との朗読コンサートも。

映画『僕は猟師になった』
公式パンフレット

2020年8月22日 初版第1刷発行

写真　大森克己、千松信也（P21〜25、27）

アートディレクション　峯崎ノリテル ((STUDIO))

デザイン　((STUDIO))

編集　加藤基

発行者　孫家邦

発行所　株式会社リトルモア

〒151-0051 東京都渋谷区千駄ヶ谷3-56-6
TEL: 03-3401-1042　FAX: 03-3401-1052
www.littlemore.co.jp

印刷・製本　株式会社シナノパブリッシングプレス

Printed in Japan
ISBN978-4-89815-526-4 C0095

千松信也の本

ぼくは猟師になった

新潮文庫　本体790円＋税

**獲って、さばいて、教わった。
33歳ワナ猟師が、
京都の山から見つめたもの。**

木についた傷や足跡などからシカやイノシシの気配を探る。網をしかけ、カモやスズメをとる。手製のワナをつくる。かかった獲物にとどめをさし、自らさばき、余すところなく食べ尽くす——。ワナ猟師の日常は、生命への驚きと生きることの発見に満ちている。猟師を志した契機から、狩猟の仕方、獲物の解体と精肉、調理法、そして自然と向き合う中で考えたことまで。京都の山から見つめた若者猟師の等身大の記録。

けもの道の歩き方

猟師が見つめる日本の自然

リトルモア　本体1600円＋税

**映画『僕は猟師になった』必携副読本
これからの自然を思う、20のエッセイ**

昭和の里山は理想郷だったのか？　人里に動物が出没するのは森の荒廃が原因か？　自然は「手つかず」が理想か？　猟師は森の番人か？　前著『ぼくは猟師になった』から7年、猟師として山に入り続け、考え続け、さらには膨大な資料（詳細な注釈を収録）にあたるなかで練り上げられた現代猟師考。狩猟採集生活の楽しみを綴るとともに、獣害問題をはじめとした自然の今とこれからについて深く考察した。

自分の力で肉を獲る

10歳から学ぶ狩猟の世界

旬報社　本体1500円＋税

**無人島に漂着しても、この本さえ読んで
おけば肉にはこまらない！**

わなのしかけ方から、獲物のしとめ方、解体の手順まで、豊富なイラストと写真でていねいに解説。狩猟ブームの火付け役となった著者による、子どものための「野生への手引き」。狩りの基本や日々の生活をつづりながら、人と自然の関係を深く見つめます。「命をつなぐ」とはどういうことか。親子で学べる「生命の尊さと生きる力」。大人へのステップにしてほしい一冊。

映画『僕は猟師になった』に寄せられたコメント（順不同）

池松壮亮（俳優・本作で「語り」を担当）

たとえノーギャラ……を奪うこ
とに慣れることは……心から感
動しました。僕は……を、つま
り生きとし生ける……した。そ
こに責任や罪の意……と言えま
す。環境問題やア……るこの世
界で、今このドキ……

植本一子

耳から離れない……べて
いるどんな肉に……
そんなことも分……

緑山のぶ……

肉を食べるため、獣害から田畑を守るため、目的は違えど猟の最後に動物の命を奪う瞬間は必ず訪れる。
その瞬間に慣れることはきっとなく、買った肉にはその瞬間が訪れないありがたさを改めて感じてほしい。

高山なおみ（料理家・文筆家）

生きたがってもがくイノシシをなぐり、気絶させるとき、
馬乗りになってナイフでとどめをさすとき、
人が、生が、何もかもが悲しく、私は五歳の子どもになって泣いた。
千松さんは痛みを取り込みながら生きている。
私の体にも肉の悲しみが宿っていること、忘れないでいようと思う。

榎本憲男（小説家）

動物好きの少年は成長すると、罠を仕掛け、獣を捕えて、こん棒で殴りつけて失神させ、ナイフで心臓をえぐり、皮を剥いでその肉を食らう猟師になった。なぜだろう？　千松信也さんの筆による原作本をめくってもその答えは明瞭に書かれていない。しかし、千松さんの日々を捉えた映像は雄弁に語る。殺して食うという行為によって、猟師は獣と一体になっているのだ。そこに神聖さの源泉が宿る。まぶしい映画である。

星野概念（精神科医など）

けもの道の様子で猪や鹿の行動を想像したり、雀の飛翔を見て着地場所を見極める。自然の流れの中に入り逆らわず、他の生物と対等に居る。そのような感性で生きたいと思うけど、俗世にまみれた自分には全然できません。憧れの人をまた見つけました。

谷川俊太郎（詩人）

千松さんはじかに生きている、
スタッフはじかに撮っている、
じかにという直接性が、
この映画を謙虚な秀作にしている。

岡本健太郎（漫画家・「山賊ダイアリー」作者）

千松さんの猟は食料を得るための手段だ。猟師は生き方であって仕事でもなければ趣味でもない。猟師の先輩は往々にして後輩に説教するものだが、千松さんは、他人の個も、自分の個も尊重するので僕にそんな説教したりはしない。この映画もそうだ。見ている僕たちに自然の尊さを盾にして説教してきたりはしない。

安島藪太（漫画家・「クマ撃ちの女」作者）

「この家族は大丈夫そうだ」
ソレが素直な感想でした。
「生き物を獲って食う」生き方・狩猟ライフもそうですが
千松さんの生きる姿勢こそが
そう感じた一番の要因だと思います。
そう感じさせてくれる人がこの国にどれだけいるのだろう。

細川亜衣（料理家）

熊本の我が家の裏には竹林があり、さらに竹林の裏をぐるりと囲むように、小さな森がある。冬から春にかけて、食べきれないくらいのたけのこが採れるのが常だったが、ここ数年、めっきり採れなくなってしまった。たけのこを食べ尽くすのは、猪だ。庭に植えた花やハーブが無残に掘り起こされていることも日常になった。夜、どかどか、ぶひぶひと、巨大な猪が走り狂う影を見つけることもある。

業を煮やし、市役所に罠を仕掛けてもらったが、なかなかかからない。それが、つい先日、ようやく猪が捕まった。走って檻に向かうと、若き猪が怒りに震え、出せ、出せ、と鼻先で激しく鉄の檻にぶつかってくる。ウリ坊の愛らしさを微かに残しつつも、イガイガとした体毛と強い眼差しは一瞬で私を威嚇した。猪はこの世界で自由であるべきなのに、人間優位のこの世の中では、そうはいかないのが現実である。

映画の中で、捌かれた猪の体から立ち昇る湯気。屠殺場に運ばれるビニール袋に包まれた無数の亡骸と、小さくなってしまった骨。それとは対照的に、自らの暮らしを狩りに懸けた人の思いは熱い。小学生の子どもたちさえも上手にナイフを動かし、肉を捌いてゆく。彼らは本当の意味で“食べる”という行為の背景にあるものを、無意識のうちに自らの体で理解しているに違いない。
“食べる”って？　あらためて考え始めたが、答えは出ない。近すぎて、遠い、私にとっては永遠の難題である。

寺尾紗穂（音楽家・文筆家）

獣を殺めることで、人は生かされ、生き抜いてきた。
原罪のようにしみついた負い目は
多くの民話を生む土壌となったともされる。
千松さんがしとめた獣の心臓を食べる表情に
その重みが一瞬顔をのぞかせる。
パックの肉を食う事になれきった私の心にも
厳かな懐かしさがゆっくりとしみこんでいくような、そんな気持ちになった。

9784898155264

1920095007274

ISBN978-4-89815-526-4 C0095 ¥727E
定価：800円（本体727円）⑩ リトルモア